ジャーナリスト後藤健二

命のメッセージ

栗本一紀
Kazunori Kurimoto

法政大学出版局

まえがき

二〇一五年一月二十日、ケンジ・ゴトウとハルナ・ユカワという日本人ふたりの身代金《みのしろきん》二億《おく》ドルを要求する動画《どうが》がインターネットで公開されました。ひとりは映像《えいぞう》ジャーナリストの後藤健二さん、もうひとりは紛争地《ふんそうち》に個人旅行で通《かよ》っていた湯川遥菜さんでした。彼らは前年、中東《ちゅうとう》のシリアの地で知り合ったあと、それぞれ別々に行方不明《ゆくえふめい》となっていました。動画の内容は、七十二時間以内に身代金が支払われなければふたりを殺害《さつがい》するというものでした。私はその報《しら》せを和歌山県にある本州最南端《さいなんたん》の町・串本《くしもと》で受け取りました。そこはシリアから八五〇〇キロメートル離《はな》れた遠い場所でした。

後藤さんと湯川さんを拘束《こうそく》したのはＩＳ（イスラーム国）といわれるイスラーム教過激派組織《かげきはそしき》でした。湯川さんは二〇一四年八月に、後藤さんは十月にシリアで消息《しょうそく》を絶《た》っていました。ですが、このときまでそれがＩＳのしわざであることは、世間一般にはあまり知られていませんでした。それゆえに、あのオレンジ色の服を着せられて荒野《こうや》に跪《ひざまず》かされているふたりの映像を見た時の、日本全国民の衝撃《しょうげき》は計り知れないものだったでしょう。私のそのときの心境も言葉にはできないものでした。

一月二十四日の夜遅く、先に殺害されたとみられる湯川さんの写真を持たされた後藤さんの静《せい》止画《し が》と後藤さんのものとされる音声が、ユーチューブ上に流れました。英語で話されるその音声を私は後藤さん自身の声だとは最後まで信じられませんでした。内容もなにか文章をそのまま読まされているような感じでした。

〈私はケンジ・ゴトウ・ジョウゴです。湯川遥菜がカリフ国の地で殺されたことは見ての通りです。私たちを拘束している人たちはあなたがたに期限を通告し、その警告《けいこく》を実行に移しました。安倍、あなたが遥菜を殺したのです。彼らの警告を真剣に受け止めず、七十二時間という期限を守らなかったからです。

愛する妻、そして二人の娘を私はいとおしく思っています。安倍に、湯川にしたことと同じことを、私にもさせないでください。あきらめないでください。どうか家族とインデペンデント・プレスの同僚《どうりょう》が政府に圧力をかけてくれるように。彼らの要求は簡単です。より公正になっています。もうお金を要求してはいません。テロリストに資金援助するという心配はなくなりました。獄中《ごくちゅう》にある彼らの同胞《どうほう》サジダ・アル・リシャウィの釈放《しゃくほう》だけを彼らは要求しています。

簡単です。サジダを彼らに渡せば私は釈放されるのです。それは実現可能です。ちょうど今、私の政府の代表はヨルダンにいます。そして、サジダはヨルダンで収監《しゅうかん》されています。もう一度くり返します。私の命を助けることはとても簡単です。サジダを彼らのもとに戻してあげればいいのです。そうすれば私は解放されます。

妻よ、私に残された時間は数時間かもしれません。このメッセージが公開される時、私はこの世にいないかもしれません。これをあなたが聞く私の最後の言葉としないでください。安倍に私を殺させないでほしい〉

これに対してヨルダン政府は、サジダ・アル・リシャウィ死刑囚の釈放の交換条件《こうかんじょうけん》として、前年の十二月にISへの空爆《くうばく》に参加し、シリア北部のラッカ近郊《きんこう》で墜落《ついらく》し捕らえられた、ヨルダン軍パイロットのモアズ・カサスベ中尉《ちゅうい》の解放を要求しました。一月二十七日、今度はカサスベ中尉の写真を持たされた、音声付きの後藤さんの静止画がネット上に投稿《とうこう》されました。

〈私は後藤健二です、日本の国民のみなさん、そして日本政府の方々へ。これは私の最後のメッセージです。ヨルダン政府が死刑囚の釈放を遅らせているので、私の解放も遅れています。日本政府はヨルダン政府にプレッシャーをかけるべきです。そうでないと私は殺されるでしょう。私と死刑囚を交換するしかありません。彼女は十年間も囚《とら》われの身です。私は数ヵ月間捕らわれているにすぎません。

ヨルダン政府がいくら時間の引き延ばしを試みても、それはヨルダン人パイロットの死を早めるだけです。私の死も近づいています。私に残された時間は二十四時間しかありません。ヨルダン人パイロットに残された時間はさらに短いでしょう。

どうか私たちを見殺しにしないでほしい。これ以上時間を引き延ばせば私たちは二人とも殺されることになるでしょう。ボールはヨルダン側にすでに投げられています〉

ヨルダン国民のあいだではなによりもまずカサスベ中尉の無事を優先すべきだという世論《よろん》がおこっていました。後藤さんとサジダ・アル・リシャウィ死刑囚の交換という条件だけでは、ヨルダン政府はこの世論を抑え込むことができなくなっていました。

サジダ・アル・リシャウィは、二〇〇五年十一月にヨルダンの首都アンマンで起きた爆破《ばくは》テロの実行犯でした。ヨルダンの米系《べいけい》ホテルの結婚式場に夫とともに潜入し、自爆《じばく》テロを試み三十八人が犠牲《ぎせい》となりました。このとき夫は自爆して死にましたが、サジダ・アル・リシャウィの方は起爆《きばく》に失敗し捕まったのです。サジダ・アル・リシャウィは二〇〇三年から始まったイラク戦争で兄弟三人を米軍の攻撃により失くしていました。それを理由に過激派組織に加わったといわれています。けれども、結婚式場をねらうというこの卑劣《ひれつ》な爆破テロによって大勢の命が失われたヨルダンの国民にとっては、彼女はテロ実行犯の生き残りとして最も重要な存在だったのです。一方、ISにとっても、サジダ・アル・リシャウィ死刑囚は特別な存在でした。彼女はISの元幹部《かんぶ》の兄妹《きょうだい》であったとされています。

しかしこのとき、カサスベ中尉はすでにISによって処刑されているという情報をヨルダン政府は得ていました。それで政府当局者《とうきょくしゃ》は、カサスベ中尉《ちゅうい》が生きているという証拠をまずISに求めました。こうして人質交換交渉は暗礁《あんしょう》に乗り上げていました。

一月二十九日の朝、最後通告《さいごつうこく》がIS側から出されます。アラビア語テキスト付きで、またもや後藤さんとされる音声が英語で文章を読み上げていました。

〈後藤健二です。このメッセージを読んで送るよう指示されました。二十九日木曜日の日没《にちぼつ》までに、私と交換するためサジダ・アル・リシャウィをトルコ国境まで連れてこなければ、ヨルダン人パイロットのモアズ・カサスベは直ちに殺されるでしょう〉

たった三十秒間のメッセージでしたが、イラク北部の都市モスルの現地時間二十九日の「日没」という最終期限と、「トルコ国境」という人質交換の場所が設定されていました。そして実際、二十八日午後に後藤さんの身柄《みがら》は、このトルコ国境のシリア側の街テルアビヤド近郊の村まで移送されていた、と見られます。

私はこのとき一縷《いちる》の望みをかけていました。そのとき私は串本町で日本・トルコ合作《がっさく》映画の仕事をしていて、もし、トルコ政府がISとの交渉に乗り出してくれさえすれば、後藤さんを救出できるのではないかと考えていたのです。日本政府にはすでに当事者能力が存在していませんでした。そして、ヨルダンとISの人質交換交渉も手詰《てづ》まりとなっていた時点で、最後の望みはトルコでした。イスラーム教宗教的指導者やシリアの反体制勢力にも影響力を持つトルコのような国が、文官《ぶんかん》・民間人《みんかんじん》も協力して政治的・外交的にISに働きかけてくれることが、唯一の方法のように思われました。

トルコは代表的な親日国《しんにちこく》として知られ、一九八五年のイラン・イラク戦争の折には、テヘランに取り残された邦人二〇〇名以上を助けてくれたという歴史を持っていました。また前の年の六月には、イラク北部にあったトルコ領事館《りょうじかん》が襲撃《しゅうげき》され総領事をふくむ職員と家族ら四十九人がISに拉致《らち》されていたのを、三ヵ月以上におよぶ粘り強い交渉の末、全員解放したという実績もありました。そしてこの時点では、トルコが、ISへの空爆を続けていた有志連合《ゆうしれんごう》への協力を拒んでいたのが、有利に働く可能性がありました。後藤さんらの人質解放交渉に打開《だかい》の道を開くには、もはやトルコのエルドアン大統領に支援《しえん》を要請《ようせい》するほかないように私には思われたのです。

安倍総理は電話会談でエルドアン大統領に協力を要請したと言われています。しかし、エルドアン大統領は「日本政府から正式な要請があったならば、仲介役《ちゅうかいやく》を買って出ていた」とのちに話しています。真相は闇《やみ》のなかでした。

ところが、最後の期限とされた二十九日木曜日が過ぎ、翌日の三十日、そして三十一日になっても新たな動きはありませんでした。その間にインターネットでは世界中に「後藤さんの解放」を願う声が拡散《かくさん》され、後藤さんへの連帯《れんたい》の気持ちと祈りが国境を越えて寄せられていました。それは平和を願う世の中すべての人の魂《たましい》のうねりとなって地球をつつみこむかのようでした。

序　章

二〇〇三〜二〇〇四年

一つの夜を越えて、車は真っ暗な砂漠の一本道を進んでいました。アスファルトで舗装《ほそう》された道路わきの砂が風に吹かれて白っぽく舞《ま》っています。四輪駆動車《よんりんくどうしゃ》のヘッドライトに照らし出されてはときおり現れ、また闇のなかへと消えて行く、標識《ひょうしき》だけがこの世界唯一の変化でした。それ以外、イラクの国境へと一直線に続くこのボーダーロードに、人影はおろか対向車《たいこうしゃ》一台見つけられませんでした。

夜の十時半にヨルダンの首都・アンマンを出発した後藤さんたちは、日付をまたいだ三時すぎ、国境のトレビエル検問所《けんもんじょ》に到着しました。金属製の手すりで仕切られた通路のわきに四匹の野良犬《のらいぬ》がうろついています。その先のパスポートコントロールには六十人ほどの先客が列を作って待っていました。その列の最後尾に後藤さんは並びました。

ヨルダン側のゲートをぬけイラク側に入国したのは三十分後でした。国境を警備する米兵が二人、野良犬とたわむれているのが見えます。とくに厳しく取り締まりをしている様子はありません。入国の手続きもすぐでした。なぜなら、応対するイラク人職員にはだまってそのつど、五〇〇イラク・ディナールを渡すのがコツだと知っていたからです。なににつけても袖《そで》の下《した》を要求するのがイラク流でした。戦争は七ヵ月前に終わっていました。それでも、サダム・フセインがいなくなっただけで、イラク社会のしきたりは今もなにも変わりありませんでした。

後藤さんがふたたび乗り込むと、車は、今度はバグダッドへ向けハイウェイを走り始めました。途中、ベドウィン族の暮らす集落を通過する以外、やはり外の世界は真っ暗な闇でした。後藤さんが車の後部座席でウトウトしかけていたそのときでした。運転手のアブドゥラの呼ぶ声で目が覚めます。彼はハンドルをにぎり前を向いたままの姿勢で言いました。

「アリババ（強盗団《ごうとうだん》）だ」

一瞬、緊張が身体のなかを走りました。しかし、アブドゥラの落ち着いた様子に、後藤さんはすぐさま冷静さを取り戻しました。運転手のアブドゥラは車をゆっくりと路肩《ろかた》に停車させました。それから、黙って三人組の男たちが近寄ってくるのを待ちました。ひとりは左手に拳銃《けんじゅう》をもち、もうひとりはAK－47銃を両手で構えこちらに向かって狙いをさだめています。ふたりとも頭は黒い布ですっぽり覆《おお》っていて、布のすき間からドス黒いぎょろりとした眼だけをのぞかせていました。

AK－47をもった小柄な男が後部座席のドアを開きました。男は金を要求しました。目的はやはり金品《きんぴん》だとわかって、後藤さんは逆にホッとしました。ポケットにちょうど入っていた二〇米ドル札を十枚ほど抜きとると、それを、拳銃をもった男の方に差し出しました。男は札束《さつたば》を無造作《むぞうさ》につかみ取ると、「これだけか」という仕草《しぐさ》を一瞬しましたが、それ以上は要求せず、車を離れました。

男が遠のくのを確認してから、後藤さんは静かにドアを閉めました。アブドゥラは運転席の窓を半分あけたまま微動《びどう》だにせず前方を向いています。見張りをしていた三人目の男が車の前から離れると同時に、アブドゥラは車を発進させました。黒頭巾《くろずきん》の男たちの姿がバックミラーに遠ざかって小さくなり、すぐに漆黒《しっこく》の闇のなかに消えました。

——強盗初体験。

（命を取られることを考えれば安い通行料だ）

後藤さんはそう思って、胸をなでおろしました。

それから二時間ほど車は走ると、やがて東の空が白《しら》み始めてきました。遠くのなだらかな丘陵《きゅうりょう》の端《はし》から太陽が昇ってくるのが見えます。一本の背の低い樹木がシルエットになってとてもきれいでした。空は群青色《ぐんじょういろ》から少しずつ藍色《あいいろ》に、それからゆっくりと緋色《ひいろ》にかわっていきます。それは宇宙の神秘《しんぴ》を後藤さんに感じさせました。

朝六時半、ラマディという町に着きました。少し休憩《きゅうけい》を取ったあと、そこから先はユーフラテス河に沿って緑のオアシスのなかを進んでいきます。しばらく走るとファルージャも通過しました。バグダッドはもうすぐです。

バグダットに近づいてくると、どんどん緑が濃くなってきました。しだいに駐留《ちゅうりゅう》している米軍の姿が多く見られるようになってきます。車はバグダッドの街中にさしかかりました。ところがラマダーン（イスラーム教の断食《だんじき》の月）のせいか、人通りは思ったほど多くありませんでした。それでもそこかしこに復興《ふっこう》のきざしが見られました。イスラーム教の安息日《あんそくび》の金曜であるにもかかわらず店を開けて、営業をしているひとびとの姿がそこにはありました。イラクの人たちのパワーを感じさせる光景でした。そのことに、後藤さんは胸躍《むねおど》りました。

二〇〇三年三月、中東のイラクでは戦争が勃発《ぼっぱつ》しました。そして、同年五月、大規模な戦闘が終結したのを機に、後藤さんはイラクの首都・バグダッドに足しげく通うようになります。占領《せんりょう》下に生きるイラクのひとびとの生活に密着し、「イラク最前線《さいぜんせん》レポート」を発表するためでした。後藤さんの生涯を通して最も長く、そして最も愛着《あいちゃく》をもって取材を続けた地、それがこのイラクでした。戦争がこの地やそこに住む市民たちにもたらしたもの、それが悲劇《ひげき》にせよ希望《きぼう》の物語にせよ、徹底的《てっていてき》に一人ひとりの〈人間〉に寄り添《よそ》うことで、明らかにしようとしました。

戦争が終結したあとのイラクでは、占領軍である米軍や警察署を狙ったテロがやみませんでした。羊に爆弾をつけたケースすらありました。戦争が終わって半年以上が経《た》っても米軍は期待した成果をあげられませんでした。電気や水道などインフラの復旧《ふっきゅう》も進みませんでした。市民の日常生活はいっこうによくならず、失業者も増加していました。それに比例するように町中では略奪《りゃくだつ》や強盗が多発していました。こうして治安《ちあん》は悪化の一途をたどるばかりでした。

〇三年十一月、バグダッドではパレスチナ・ホテルとシェラトン・ホテル、それに石油省がテロにあいました。石油省が攻撃されたのは初めてでした。一方、パレスチナ・ホテルは過去にも一度、砲撃《ほうげき》を受けたことがありました。バグダッド陥落《かんらく》前日の同年四月八日のことです。ミサイルを放ったのは「米軍」でした。市内に進攻していた米陸軍の戦車が、市内中心部のパレスチナ・ホテルに向け、何の予告もなくとつぜん発砲したのです。このホテルは当時、外国報道陣の取材拠点《きょてん》となっていた場所でした。その日、ホテルには日本人記者をふくむ報道関係者ら約二〇〇人が滞在していました。米軍の砲撃をうけて、ロイター通信とスペインのテレビ局のカメラマンらふたりが死亡、四人が重軽傷を負いました。

明くる日、米軍が攻め落としたバグダッド中心広場でサダム・フセインの銅像《どうぞう》は引き倒されました。それを見てシーア派の人たちは歓声《かんせい》をあげました。ところが、最初はフセイン大統領による圧政からの解放に喜んでいた市民たちでしたが、米軍が進駐《しんちゅう》したイラク各地ではしだいに期待が裏切られ、それは失望へと変わっていきました。復興の足音も徐々《じょじょ》に聞こえてきてはいましたが、米兵への不満や警察官を狙った自爆テロに、治安は回復のめどが立たなくなってきていました。

イラクのひとびとの現実を間近で見て、後藤さんの心は痛みました。イラク国民のほんとうの意味での平和と復興を期待するには、あまりにも悲観的《ひかんてき》な状況が続いていました。戦後のイラクには人道《じんどう》支援の国際機関もまだない状態でした。無念、憤《いきどお》り、失望――それらすべてが入り混じって胸につかえていました。その後、後藤さんを執拗《しつよう》なまで、くり返し、くり返しこの土地に向かわせた理由こそ、この〈胸のつかえ〉でした。この土地の人たちが真の希望を取り戻し、子どもたちが安全に学校に通い、家族と安心して暮らせるようになるその将来、つまり心のなかのその〈つかえ〉が完全に消えるとき、後藤さんの渇《かわ》いた魂は癒《いや》されるはずでした。その日まで、彼に唯一《ゆいいつ》できることは、ジャーナリストという立場からこの国の現状を世界に伝え続けることでした。

――後藤さんが生涯をかけた、その〈ジャーナリスト〉という仕事について、これから私自身の人生の経験をふまえて、また友人でもあった後藤健二さんの半生をふりかえりながら、見ていきます。

ジャーナリスト後藤健二——命のメッセージ◉目次

後藤健二さんと著者
（2009 年，東京にて）

第1章　ジャーナリストという職業《しょくぎょう》

ジャーナリストとは

「ジャーナリスト」と聞いて一般の人がまず頭に思い浮かべるのは、たいていはテレビのニュースキャスターや新聞記者のような人たちです。『広辞苑《こうじえん》』を引くと、「新聞・雑誌・ラジオ・テレビなどで時事的《じじてき》な問題の報道・解説・批評《ひひょう》などを行なう活動をしている人」とあります。すなわちジャーナリストとは、一般的にマスメディアによる報道の仕事に従事している人全般を指すことになります。

しかし、ひと口にジャーナリストと言っても、たくさんの種類の人間がいます。まず、新聞社や雑誌社、通信社などで、紙面《しめん》と活字《かつじ》を用《もち》いてひとびとに情報を伝える人です。この人たちは、新聞記者や雑誌記者、そしてフォト・ジャーナリストなどと呼ばれます。次に、テレビ局やラジオ局で、映像や音声を使ってニュースを伝える人です。この人たちは、映像ジャーナリスト、ビデオカメラマン、また報道記者などと呼ばれます。そして現在では、インターネットなどそのどちらにもよらない媒体《ばいたい》を中心に活躍するジャーナリストもいます。

ジャーナリストの種類という意味ではもうひとつ別な分け方があります。大手の報道機関、つまりテレビ局や新聞社や雑誌社などといった会社に所属する「組織ジャーナリスト」と、それらに属さずに活動する「フリーランス・ジャーナリスト」とに分ける方法です。私自身は後者にあたります。

特定の所属先を持たない、つまり決まった職場を持たないフリーランス（フリー）・ジャーナリストは、ときに新聞の仕事をすることもあれば、雑誌の仕事も行なう。そしてなかにはテレビに出てコメンテーターのような解説の仕事をする人もいます。同時に、守備範囲が多岐《たき》にわたったり、経済や文化・芸術など専門分野に特化して取材をする人たちがいたりと、ジャンルもさまざまです。一方で、主にテレビやインターネットといった映像メディアで、文章や記事はあまり書かないけれど、その代わりに現場の映像と音声を中心に発表するジャーナリストがいます。

「映像ジャーナリスト」もしくは「映像カメラマン」と言われる人たちです。かくいう私もそのひとりです。

新聞や雑誌などで活躍する活字ジャーナリストの多くは、新聞・雑誌・テレビなどの媒体をかけもちしています。他方、映像の仕事をするジャーナリストの場合、ほとんどがテレビ局主体の立場を取っているようです。それは一般的に映像の発表場所がテレビかインターネットに限られているからです。一方で、そのようなマスメディアから独立して、自主的にドキュメンタリー映画を製作・上映している人も、数少ないとはいえ存在します。

映像ジャーナリストの仕事の流れ

さて、私たち映像に関わるジャーナリスト、とくに報道ジャーナリストというのは、たとえばどこかの国で紛争が起きた場合、それらの地域でどのようなことが起こっていて、どのような危険性があるのかを広く世の中に伝える義務《ぎむ》があります。

あるテレビ局で紛争地域についての報道番組がつくられることが決まったとします。番組の責任者《せきにんしゃ》である「デスク」は、その紛争地にジャーナリストを派遣する前に、真っ先にその地域で何が起こっているのかを把握《はあく》する必要があります。多くの場合、その地域や周辺国に支局《しきょく》を持っている外国のテレビ局や通信社からまず情報を入手します。いわゆる「外電《がいでん》」です。それらの情報を分析・整理し、速報としてニュースを打つこともあります。

現場の状況をある程度把握したデスクは、次に、その地域に近いところにいる自社の特派員《とくはいん》（駐在員《ちゅうざいいん》）を、その紛争地域に派遣する手はずを整えます。あるいは、その地域の事情に詳しく紛争地取材の経験が豊富な人が選ばれ、特別に送り込まれることもあります。大手のテレビ局の場合、ほとんどが海外の重要拠点に支局を持っています。たとえばニューヨークやパリ、北京《ペキン》やバンコクなどです。そこでは記者やカメラマンなどさまざまな業種の人間が働いています。そのなかには地元出身でその国の言葉を母国語《ぼこくご》にしているスタッフも多く含まれます。彼らは事件報道では即戦力《そくせんりょく》となります。

さて、テレビ報道の場合、記者ひとりを現場に向かわせるわけにはいきません。映像カメラマンと音声マン、通訳《つうやく》・コーディネーター、運転手。ときには番組ディレクターや中継スタッフもいっしょにチームを組んで目的地に向かいます。局内のスタッフに適当な人材がいなかったり、他の業務で忙しく手が足りなかったりする場合には、外部のフリーランサーを手配します。

まずデスクが私のようなフリーランサーのところにコンタクトします。そしてスケジュールや内容を確認し値段の交渉や条件を話し合います。その後、私は局に呼ばれ、デスクやチームの他のメンバーと打ち合わせを行ないます。会議のなかでは、実際にいつから現地に入って、どのような取材内容にするか、つまりどこでどのような映像を撮《と》るのかなど、できるだけ綿密《めんみつ》に、そして具体的に計画を練ります。とくに紛争地などの危険地帯に出かける場合、どれだけの事前準備が必要で、どのように危険を回避すべきなのか、できるだけ多くの情報を集めてシミュレーションします。この段階で現地にいる案内人や現地の事情に精通《せいつう》している専門家にも連絡を取り、戦《せん》況《きょう》や安全情報を取得したりもします。このような会議は、緊急を要するブレイキング・ニュースの場合、出発の数時間前に行なわれます。でなければ、報道ドキュメンタリー番組のような長期にわたる現場取材が必要なケースでは、出発の数週間前から渡航《とこう》の直前まで、毎日会議が続けられます。

取材方針がいったん決まると、今度は渡航手続きです。日本から海外に取材に行く際にはさまざまな準備が必要です。そのひとつにビザを取得することがあります。まず紛争地に赴《おもむ》くためのさまざまなルートを検討し、それらの地域を通るのに入国しなくてはならない各国の大使館に連絡を取ります。そしてビザが必要な場合、その手配を迅速《じんそく》に行なってもらうよう依頼します。同時に、旅行代理店などに連絡をし、航空券や宿の手配、ときによってはビザ取得の代行も行なってもらいます。アフリカの紛争地に行くときなどは予防接種《よぼうせっしゅ》が義務づけられていることもあります。

日程やルートが決定し、ビザと航空券が手に入ったら、次は機材《きざい》などの準備と手配です。撮影機材を点検し、現地での中継回線などの手配をします。場合によっては特殊な通信機器《きき》を用意する必要も出てきます。紛争地では多くの場合、携帯電話やインターネット回線が使えません。そのときに応じてあらかじめ自前でインマルサット（衛星電話）などの機器を持ち込みます。

以上が、私のようなフリージャーナリストにテレビ局から依頼があってから、実際に取材に出かけるまでの一連の流れです。しかし、ここで紹介した例は、アウトプットするための定時のニュース番組などがあらかじめ決まっている場合です。つまり、その番組の放送に間にあわせるために、現場のユニ映像（自社で独自にカメラを持ち込み取材した映像のこと）が必要とされる場合のことです。このようなケースでは、事件・事故に迅速に対処するための報道態勢《たいせい》が、普段からしっかりできているのが一般的です。テレビ局や通信社（ニュース・エージェンシー）に所属するスタッフのみならず、必要なクルーを外部の下請けプロダクションやフリーランスの中から人選することもふくめ、大手キー局は世界中に取材ネットワークを張りめぐらせています。実際、テレビなどで日常目にするニュース映像はこうした一連の流れに沿って撮られたものがほとんどです。

戦争や事件は突発的に起きます。そして、そのような重大な出来事が起こった場合、その現場がどこであってもいち早く駆けつけるのが職業ジャーナリストの役目です。しかしながら、このような流れや手続きを経《へ》ず活躍する一匹狼《いっぴきおおかみ》のフリージャーナリストもいます。後藤健二さんのような人たちです。彼らの多くは世界のどこかで事件や紛争が起きたとき真っ先に現場に飛んで行きます。取材した映像をどのメディアに買ってもらうかは二の次です。まずはだれよりも早く現地に向かって、いち早く現場のスクープ映像を撮ろうとします。すべては自分自身の決断と判断に任されています。のんびりと局で話し合いや準備をしている時間はありません。大手メディアの指示で動くジャーナリストとそうでないジャーナリストのあいだの最大の違いはこのフットワークの有無《うむ》です。このことについてはあとの第5章で詳しく書きます。

ジャーナリストと現場の取材

ジャーナリストの本来の仕事は〝取材〟にあります。映像ジャーナリストはどんなことを念頭に、実際に紛争地に入って取材を行なうのか、お話しします。ここでは私自身が携《たずさ》わった取材を例に挙げて見ていきます。

――二〇〇八年十一月十五日から二週間、私はアフリカのコンゴ（旧ザイール）に赴きました。当時働いていたフランスのパリにあるNHKヨーロッパ総局の同僚の記者、そしてフランス人のフィクサー（コーディネーター）と一緒でした。当時、私の現場での仕事は非常に多岐にわたっていました。紛争の映像を撮り、それを現場で短くまとめて（編集して）、衛星電話を使っていったんパリの中継機基地まで送り、そこから東京のNHK放送センターまで伝送《でんそう》することなどです。

アフリカ中部にある大国、コンゴ民主共和国の紛争は「世界最大の紛争」といわれています。というのも、東西冷戦《れいせん》後に世界で起こった紛争の中で死亡者の数が最も多いからです。紛争による死者は五四〇万人といわれています。これは、第二次世界大戦以後、一地域の犠牲者《ぎせいしゃ》数としては、三五〇万人の被害を出した朝鮮戦争や二〇〇万人以上の死者を出したベトナム戦争をも上回り、最大規模です。

この紛争の発端《ほったん》として、一九九四年に隣国《りんごく》のルワンダ共和国で起きた、フツ人によるツチ人に対するジェノサイド（無差別大量殺害）があります。「ルワンダの虐殺《ぎゃくさつ》」として映画『ホテル・ルワンダ』などでも取り上げられよく知られています。これはルワンダの大統領暗殺から端を発した、過激派フツ人によるツチ人と穏健派《おんけんは》フツ人の大量殺戮《さつりく》でした。この事件の結果、難民がルワンダ国境からコンゴ東部に流れ込んだことにより、コンゴに紛争が飛び火しました。

一九九六年から二〇〇三年にかけて二度、コンゴで内戦が勃発しました。とくに一九九八年からの五年間の内戦は、アフリカ大戦と呼ばれるほど大きな紛争となりました。二〇〇二年に平和協定が結ばれ、内戦は終結。二〇〇三年には周辺国から軍が撤退《てったい》を完了し、暫定《ざんてい》政府が樹立されました。そして二〇〇六年には総選挙が行なわれ、ジョセフ・カビラ大統領が当選します。しかしその後も一部の反政府勢力が武装解除《ぶそうかいじょ》に応じず、戦闘は断続的に続いていました。

私が取材に訪れた二〇〇八年末のコンゴ東部の中心都市ゴマでは、二〇〇三年の内戦終結後も兵力を温存《おんぞん》してきた反政府勢力と、政府軍との戦闘が再び激しさを増していました。その結果、新たに二十五万人が家を追われる事態となっていました。

コンゴのゴマに入るのに私たち日本人とフランス人のフィクサーは別々のルートを取ることになりました。私と記者は、エチオピアのアディスアベバ―キガリ経由《けいゆ》、そこからは陸路《りくろ》でゴマに向かいました。フィクサーの方は、ルワンダとフランスの間の国交《こっこう》がないため、いったんウガンダに入ってから、国連機《こくれんき》に同乗してゴマに直接入ることになりました。

ルワンダという国は一般的には絶滅危惧種《ぜつめつきぐしゅ》マウンテンゴリラで有名です。このマウンテンゴリラはとなりのコンゴ民主共和国とのあいだのヴィルンガ山地に生息《せいそく》しています。一方、ルワンダ共和国の首都キガリは標高《ひょうこう》一五〇〇メートルほどの高地にありました。

キガリは、現在ではアフリカのシンガポールと呼ばれるほど、アフリカ大陸で最も成長著《いちじる》しい都市のひとつとして知られています。市内中心部には大型のショッピングセンターや高層ビルが建ち並んでいます。現在のその姿からは想像もできないのですが、先に触れたとおり、この国では一九九四年にたった三ヵ月間で推定《すいてい》八十万人以上が殺害されるという大虐殺がありました。そのような悲劇が平和で発展著しいこの国で起きたとは、私にはとうてい信じられませんでした。この暗い過去の記憶は市内にあるキガリ虐殺記念センターに残されています。

さて、パリから飛行機を乗り継いでキガリについた私たちは翌日、首都からさらに険《けわ》しい山道が続く隣国コンゴまでおよそ一六五キロメートルを、地元のガイドが運転するミニバンで移動しました。ところどころ原生林《げんせいりん》が残る、山腹《さんぷく》を切り開いたアスファルトの道路が、耕地をぬって進みます。山肌《やまはだ》は赤土で覆われていて、舗装されてない路肩を、大きな荷物を担《かつ》いだ村人たちが歩いていました。

ヴィルンガ山系《さんけい》の南側、マウンテンゴリラの保護区があるヴォルカン国立公園の近くのでこぼこ道に差しかかったとき、「バン」という音を立てて、車が急に傾きました。ガイドの運転手があわてて車を止め外に出てみると、後輪《こうりん》のタイヤのひとつが破損《はそん》していました。私たちは車を降りて、しゃがみこんでミニバンの底の方をのぞきこんでいる運転手の方に行ってみました。どうやら大きな石かなにかを踏《ふ》んでしまったようです。タイヤは完全に空気が抜けてしまっていました。

ガイドがスペアタイヤを取り出してタイヤの交換をしているあいだ、私と記者のふたりは車の外に出て、すぐ向こうに横たわる標高四五〇七メートルのカリシンビ山の雄大な頂《いただき》をながめていました。そのときふいにある考えがよぎり、身体がこわばるのを感じました。コンゴとの国境にも近いこのあたりには、反政府ゲリラが潜んでいると、話に聞いていました。

(もしその彼らが今襲《おそ》ってきたら一巻の終わりではないか?)

戦闘地域の取材で最も多いのが移動中に狙われる確率《かくりつ》でした。

修理を待つあいだ、私の手のひらには少しずつ汗がにじんできました。危険に巻き込まれないためには一刻《いっこく》も早くここを立ち去り、目的地の国境の町まで車を飛ばして急ぐことです。周囲の状況に目を凝《こ》らして、ジリジリとしながらパンクの修理が終わるのを待っていると、ガイドがなにごともなかったような顔をして立ちあがりました。それから、「よし、もう大丈夫」と、親指を立て合図を送ってきました。

座席に戻って無事《ぶじ》車が動き出すと、今度は一時間も走らないうちに、コンゴの国境《こっきょう》に近いギセニの町に到着しました。そこでパスポートのチェックを受けて通行許可証をもらったら、いよいよ国境のゲートを越えてコンゴ民主共和国側です。そこでキガリからのガイドとはサヨナラです。コンゴ側の検問所《けんもんじょ》前には別のドライバーとガイドが待っていました。荷物や機材を乗せかえ、パスポートを用意して、入国審査《にゅうこくしんさ》の順番が回ってくるのを待ちます。なにごともなく係官《かかりかん》がパスポートにスタンプを押すのを確認して、私はホッと胸をなでおろしました。

コンゴ側に入ると急に、銃を持ったたくさんの兵士や戦車のすがたが目立ちました。青いベレー帽をかぶっているのが国連平和維持軍《へいわいじぐん》の兵士たちで、多国籍の部隊から形成されています。なかにはベレー帽の代わりに青いダーバンを頭にまいたインド兵のすがたも見えます。戦車はペンキで白く塗られ、正面と背面《はいめん》に黒い大きな文字で、〈UN〉= United Nations（国際連合）と書かれてありました。

ゴマの町の中心部に近づくにつれ、人や車やバイクの往来が増えていきました。道は舗装されているところもありますがほとんどはでこぼこの泥道《どろみち》です。ついさっき降った雨のせいで道がぬかるんでいて大きな水たまりがところどころに出来ています。そんな中、女性はみな極彩色《ごくさいしき》のおしゃれな服を着て、頭にはプラスチック製の大きなたらいを載《の》せて、器用《きよう》に水たまりをよけて歩いていきます。たらいの中身は野菜や果物でした。

さて、ようやく予約しておいたホテルに到着しました。チェックインをすませた私たちは、まず長旅の旅装《りょそう》を解《と》きました。ホテルはコンゴとルワンダにまたがる大きなキヴ湖のほとりにあって、すばらしい景観が一望できる場所でした。しかし景色を楽しんでいるひまはありません。先に到着していた仲間のフランス人ともそこで合流し、さっそく撮影と取材の打ち合わせです。まず先乗《さきの》りしていたコーディネーターから現在の状況と撮影プランなどのブリーフィングをしてもらいます。

コンゴ東部のこの一帯では部族間の対立を背景に、反政府勢力が主要都市ゴマに向けて攻勢を強めていました。政府軍はロケット砲や機関銃を使った攻撃を再開し、激しい戦闘に発展してきているという話です。反政府勢力を率いるツチ人のヌクンダ司令官は、ツチ系住民に攻撃をくり返すフツ系民兵を政府が支援していると、非難しています。それにともなって、周辺の地区で行なわれていた国連による食糧《しょくりょう》などの配給活動も、中断を余儀《よぎ》なくされたという話でした。また現場の近くには六万五〇〇〇人以上が身を寄せる「キバティ・キャンプ」がありました。ひとびとは子どもや衣服を抱えて着《き》の身着《みき》のままで、逃げるようにしてその避難民《ひなんみん》キャンプに殺到《さっとう》しているとのことでした。

現地には映像伝送設備《せつび》などもないため、インマルサットBGANという特別な装備をパリから持ち込んでいました。Inmarsat BGAN: Broadband Global Area Network というのは、衛星電話端末《たんまつ》から宇宙にある人工衛星へ向けて無線電波を発信することで、データ通信ができる通信回線サービスです。普段《ふだん》なら記者、ディレクター、カメラマン、そしてパリ総局の中継クルーなど総合力の勝負ですが、今回は私ひとりで映像取材から、編集作業、素材《そざい》の圧縮《あっしゅく》、伝送までを行なうことになります。当然、準備は万全を期しておかなければなりません。パリや東京との連携《れんけい》を優先しつつ、アフリカのような辺境《へんきょう》の地では、過度《かど》な負荷《ふか》を自分自身に課《か》さぬようにも注意していかなければなりません。

部屋に機材を設置し、事前の動作確認テストを済ませてから、私たちは取材に出ることにしました。現場にひとたび出れば、さらにチームの安全対策にはいつも以上に気を配らなければなりません。

難民キャンプでの撮影

現地のガイドとともにミニバンに乗り込んだ私たちは、まずはキバティィ・キャンプを取材しに行くことにしました。途中、UNHCR＝国連難民高等弁務官事務所《なんみんこうとうべんむかんじむしょ》のスタッフたちが、増え続ける避難民を安全に収容するための、新しいテント作りを行なっている現場に遭遇《そうぐう》しました。そこで車を降りてテント内の様子を少し撮影し、スタッフから最新の情報を聞き出します。

「まだ激しい戦闘が断続的に各地で起きていて、その際、政府軍、反政府勢力共《とも》に、多くの住民に強奪《ごうだつ》や殺戮《さつりく》を行なっています」

UNHCRの現地職員はこう教えてくれました。

それからしばらく行くと、おびただしい数の装甲車が停まっている国連平和維持《いじ》部隊の基地の前を通りかかりました。4WDのトラックに乗った青いベレー帽をかぶった兵士たちが見回りをしていて、ものものしい雰囲気でした。

避難民キャンプは街の北のはずれにありました。周りはヤシの木の茂ったジャングルに囲まれていて、すぐ向こうにすり鉢《ばち》状の高い山がひとつ見えます。キャンプは見渡すかぎりのひと、ひと、ひとであふれかえっていました。ひと家族五～六人入るのがやっとの、白いビニールシートを張っただけの小さな難民テントが、数えきれないくらい設営《せつえい》されていました。

私たちが訪れたこの時期は雨期《うき》でもあり、地面は雨水と泥でぐちゃぐちゃでした。国連の職員がテントや食糧、それに水などの支援をしていますが、十分行き渡っていません。衛生《えいせい》状態は最悪で難民の生活環境《かんきょう》も悪化している様子でした。

医療《いりょう》・人道援助活動を行なう民間・非営利《ひえいり》の国際団体『国境なき医師団』の医者によると、

これまで少なくとも一〇〇件のコレラの発生が報告されているということでした。

「トイレもなく、きれいな水が得られない状況が続けば、コレラは今後どんどん広がるでしょう」

後日、別の場所に設置されたテント作りの粗末《そまつ》なコレラ病棟《びょうとう》を、私たちは取材しました。入口の消毒液《しょうどくえき》で靴《くつ》を洗って中に入ると、数十名の大人と子どもが、テントの両脇《りょうわき》に並べられた簡易《かんい》ベッドの上に寝かされていました。みな、点滴《てんてき》を打たれた状態で、うつろな表情をして天井を見上げていました。彼らはいずれも避難民キャンプから移送されてきた感染者《かんせんしゃ》でした。コレラは代表的な経口《けいこう》感染症のひとつで、いずれも劣悪なキャンプでの生活で、コレラ菌《きん》で汚染された水や食物を摂取《せっしゅ》したことによって感染したものです。

さて、キバティ・キャンプで私たちは最初に、UNICEF（United Nations Children's Fund の略。国連児童基金《じどうききん》）の職員から、キャンプのなかを案内してもらいました。難民キャンプにはたくさんの子どもたちがいて、外で撮影を始めると大勢がカメラのまわりに集まってきます。子どもたちはワイワイ・ガヤガヤ口々に言って、なにやら私たちのことが珍しくてたまらない、といった様子です。子どもたちの元気な笑顔や歓声を見たり聞いたりするとこちらもうれしくなります。このような厳しい環境に暮らしていても、いつも子どもたちは無邪気《むじゃき》でにぎやかです。

キバティ・キャンプの子どもたち――コンゴ民主共和国・ゴマ
(2008年著者撮影)

集合テントのひとつに入って中にいる人たちにインタビューをしました。そこには避難の途中で傷ついたひとびとや、病気で弱っている人とその家族ら、二十組ほどがひしめいていました。そのひとり、デズヒエさんは、三人の子どもを抱えながら反政府勢力に追われるようにして、逃げてきたという話でした。難民キャンプでの厳しい生活でデズヒエさんは体調《たいちょう》を崩《くず》し、起きることすら苦しいと言います。

「キャンプの近くで戦闘があって、反政府勢力がうしろからバンバン撃ってきた。それで命からがら逃げてきたのです」

デズヒエさんは寝たままの姿勢で言いました。

主要都市ゴマの近郊にあるこのキバティ・キャンプでは、わずか六〇〇メートル先で政府軍と反政府勢力がにらみ合う緊迫《きんぱく》した事態となっていました。国連は避難民キャンプに戦火が広がるおそれが強まっているとして、六万人を超す避難民すべてを別のキャンプに緊急に移動させることを決めていました。そして、週明けにも避難民の大移動を始める予定でした。しかし、十分な食べ物を得られず劣悪《れつあく》な衛生環境で体が弱ったお年寄りや子どもたちを、一五キロメートル先の別のキャンプまで安全に移動させる困難《こんなん》も予想されました。一方で、反政府勢力と政府軍の間に挟まれた地域では、今日もまた、多くの罪なきひとびとが巻き込まれていました。

「母、叔父《おじ》、兄、そして息子を殺されました。反政府勢力が食料を奪おうとしたので、母が拒《きょ》絶《ぜつ》したら発砲《はっぽう》したのです」

別の避難民の男性は、カメラを向け、マイクを差し出すと、こうしぼりだすように答えました。彼らにインタビューしていると、戦争によって引き起こされる、略奪《りゃくだつ》や殺し合い、破壊や憎しみ合い、こうした人間の「負《ふ》」の部分——その裏側にあるひとびとの絶望《ぜつぼう》や涙を見せつけられるようで、私は胸が締《し》めつけられました。

私たちは次の日もキバティ・キャンプの取材を重ねました。布で赤ん坊を背中にくるみ、水くみ場で子どもたちの身体を洗う母親、それから、昼間でもうす暗く窮屈《きゅうくつ》なテント内部の様子など、キャンプのすみずみで営まれている難民の生活をカメラで追いました。

日が暮れるとキャンプのあちらこちらから薪《たきぎ》のけむりが上がります。テントの入口のすき間からはオイルランプのやわらかな光がこぼれてきます。電気はありません。私たちはそんなテントのひとつを訪れ、なかにいる家族に話を聞きました。最初はカメラをまわさずに話だけ聞いて、警戒心《けいかいしん》が解《と》けたところで撮影を始めました。これまでに味わってきた壮絶《そうぜつ》な経験をそこで聞かされた私たちの心は、重く沈んでいきました。

「隣国のウガンダに逃れようと大勢の村人たちと国境に向かっている途中、反政府勢力の兵士たちに出くわしました。フツ人の連中です。すると男らは私を力ずくで、みんなの前に引きずり出しました。そして次から次へとレイプしたのです。性的暴力をふるわれたのは私だけではありませんでした。その場に居合わせた女たち何十人もが、武装した男たちによって集団レイプされました。中には妊娠をしていた女性もいました。彼女は暴行《ぼうこう》されたことが原因で、子どもを流《りゅう》産《ざん》しました。私たちはみんな、子どもや夫が見ている目の前で、一度に二人から六人もの男たちに輪姦《りんかん》されたのです」

コンゴ東部一帯の村では、被害者《ひがいしゃ》だけでなく、家族やコミュニティの心を破壊し、生きる希望を喪失《そうしつ》させる、戦争兵器としての強姦《ごうかん》が日常的に行使《こうし》されていました。国連はコンゴでの平和維持活動（PKO）に年間一〇億ドルを費やしていました。にもかかわらず、今回の集団レイプ事件は、PKO部隊の基地からわずか三〇キロメートルしか離れていない場所で起こったということです。

「政府軍や反政府組織のリーダーはレイプをたいした攻撃とは見なしておらず、なんの手も打っていない」と、現地で活動を続けるUNHCRの職員《しょくいん》は苦々《にがにが》しく言いました。「それどころか、〝戦闘員は処女《しょじょ》をレイプすれば無敵《むてき》になれると信じている〟とさえ言われているのです」

私たちはみな言葉を失いました。

国連平和維持軍最大の二万人をこの国に派遣していながら、それは、住民の女性たちを保護するという目的では、なんの役割も果たしていないようでした。戦争によって引き起こされるこのような暴力をやめさせる方法はどこにもないのか、私たち取材班はそう考えると、憂鬱《ゆううつ》な気分になりました。

テレビ報道の世界

翌日の取材は朝早くからの開始になりました。次の日、私たちがまず向かったのは、WFP（United Nations World Food Program の略。国連世界食糧計画）の活動現場です。彼らは世界中の貧しい地域の住人に食糧を配給する仕事をしています。その日はひと月に一回の、トウモロコシや小麦粉などの配給日でした。

私たちが到着したときにはすでに、数台のトラックから降ろされた何トンもある配給品の山が、地面にきれいにならべられていました。その周りを、それはそれは多くの住民が取り囲んで、「まだか、まだか」と配給の順番を待っていました。ですが、配給を受けられるのは事前に難民登録《とうろく》をすませて配給券をもらった人たちだけです。配給の中身はトウモロコシや小麦粉などに加え、豆類や植物油などの食料、それに燃料《ねんりょう》やポリ容器《ようき》などといった生活物資《ぶっし》です。

やっと準備が整うと、配給券を手にしたひとびとが今度は列を作って一人ひとり配給物資を受け取っていきます。みんな二〇キログラムはある小麦粉が入った大きな袋や、日用品と衛生用品の入った大きな段《ダン》ボール箱をまるごと一個、たったひとりであたまに載せて運んで行きます。女性も男性も関係ありません。なかには背負っていた子どもをお腹《なか》にくくりつけて、背中に大きな小麦のふくろを担《かつ》いで帰ってゆくたくましい女性の姿もありました。

彼らの表情やその場の光景を一通りカメラに収《おさ》めたあと、私たちは何人かの避難民から話を聞くことができました。

「市場で食料を売っていたら戦闘が始まって、しばらくして政府軍が来て、全部奪っていってしまいました。村の外ではまだ戦闘が続いていて、ろくに食べ物にもありつけません。家族を養《やしな》っていくにはもう配給がなくてはやっていけません」

難民キャンプで最も深刻《しんこく》なのは食糧不足です。WFPは食糧などの物資の緊急支援に力を注いでいますが、避難民の数が多すぎて対応しきれずにいました。戦闘地域のキャンプには、支援物資を届けることすらままなりません。そのため、避難民が食物にありつけるのは良くて二日に一回でした。加えて、キャンプ内の治安状況も日に日に悪化していきました。政府軍の兵士が支援物資を避難民から略奪したり、酒に酔《よ》い銃を乱射《らんしゃ》したりするなどの事件は、後《あと》を絶《た》ちませんでした。

ある避難民女性は通訳を通してスワヒリ語で、涙ながらに私に訴えました。

「ここには希望がありません。生きられるのか、死ぬのか、神のみぞ知る、です」

難民の解決方法で一番望ましい方法は故郷《こきょう》への「帰還《きかん》」です。もと住んでいた土地を恋しく思う気持ちはだれにも共通のものです。しかし「六年前に紛争が終了した」といわれる現在でも、多くの難民がもといた場所に戻れないまま、避難生活を続けています。そして、難民の中には幼《よう》少《しょう》期《き》から戦時下の環境に育ち、自分の国籍《こくせき》や故郷がわからない人も多くいました。

その日、取材を終わってホテルの部屋に戻ると、私は休む間もなく、撮ってきた映像素材をパソコンに取り込んで、編集《へんしゅう》を始めました。ニュースになりそうなシーンとインタビューをつないで映像をまとめていきます。粗編《あらへん》（簡単な編集）が終わると、今度はそれらの映像をパソコンで圧縮し書き出します。それから、さきほどセットアップしておいた衛星電話を使って、ファイルをパリのＮＨＫヨーロッパ総局に伝送しました。

取り込み・編集・ファイル化・伝送といった作業をぜんぶ同時並行《どうじへいこう》でこなすので、ほとんど休憩もできない状態です。インターネットや電話回線などの通信インフラが整っていないアフリカからの伝送は、リスク回避《かいひ》のためにあらゆる手を打たねばなりません。また、電源の確保が難しく、場合によっては機材の熱《ねつ》対策、砂対策などの対応も必要になってきます。幸いにも今回はトラブルもなく、作業は順調に進みました。

それでも今日一日の取材をまとめた数分の映像を、衛星電話を使って伝送するのに、二時間もかかってしまいました。これ以外に素材の取り込み・編集・圧縮などの作業時間を足すと、全体で三時間〜四時間程度が必要です。今日のように現場取材を午後六時前後で切り上げ、移動を開始し、ホテル到着後、一刻の猶予《ゆうよ》もなしに作業に突入しても、夜の十時まではかかる計算です。

その後、夕食をみんなと取って、翌日の取材内容の打ち合わせや予定の確認をします。部屋に戻ってひとりになってからも、バッテリーの充電《じゅうでん》や次の日の機材の点検《てんけん》などが残っています。シャワーを浴びてベッドに横たわった頃には深夜《しんや》となっていました。現地時間の翌々日は、日本時間二十一日夜放送の、NHK「BSきょうの世界」のコンゴからの生中継《なまちゅうけい》が予定されていました。

明くる朝、私たちはホテルの朝食の席で、ドイツの公共テレビ局ZDFのコンゴ取材班が、自社用フライアウェイを持ち込んでいるという話を耳にしました。もし、彼らとコンタクトがとれ、翌日の中継時にそれを一時借用《しゃくよう》させてもらえれば、われわれにとっては最大の武器となります。

当初の予定では、中継の映像はパソコンのSKYPEで、リポートをする記者の音声は電話を使って、行なうことになっていました。万が一、インマルサットBGANの回線が不安定になったり切断されたりしてSKYPEが落ちた場合は、携帯電話の音声だけで生中継を続行するつもりにしていました。しかし、ZDFのフライアウェイを借りることができれば、通常の場合と同じようにカメラとマイクをつなげて、中継をここアフリカからも出すことができるのです。

フライアウェイというのは、テレビ電波《でんぱ》を通信衛星に送ることのできる小型の送信機《そうしんき》（移動中継機）のことです。九一年の湾岸戦争時、イラクのバクダッドにCNNが可搬型《かはんがた》のフライアウェイを持ち込み、連日現地から生中継を行ないました。世界はこのとき、ニュース報道における衛星中継の絶大《ぜつだい》なる威力《いりょく》を知りました。しかし、持ち運びができるようになったとはいえ、当時のフライアウェイは一トン近くあるものでした。その後、映像のハイビジョン化、デジタル化にともない、フライアウェイの小型・軽量《けいりょう》化も進み、今ではどんな場所であってもこれさえあれば、現場からの生中継を行えるようになりました。

パリに駐在している国際映像の責任者はさっそく、ドイツのZDF本社の担当者と連絡を取り、条件交渉をしました。担当者はその場で即決《そっけつ》してくれました。ZDFのコンゴ取材班の帰国予定日を一日のばして、私たちの中継に対応しようと言ってくれたのです。

翌日、私たちはホテルの敷地《しきち》の一角《いっかく》に設置した突貫工事《とっかんこうじ》の中継プラットフォームから、コンゴの最新情勢を伝える生中継を行ないました。東京のスタジオと現地の記者とのかけあいのあと、私が昨日まで取材してきたキバティ・キャンプの様子や現場からの立ちリポなどをまとめた、VTR映像が放送されました。コンゴに日本の取材班が入り中継映像を出すのはこれが初めてのことでした。

TV報道は新聞と異なり、総合力の勝負です。記者やカメラマンのほかに、リサーチャー、通訳、ドライバー、現地のガイド、フィクサーなど多くの人間が舞台裏《ぶたいうら》を支えています。また現場のみならず、後方《こうほう》支援のスタッフ、たとえばパリや東京での回線伝送受け、編集マン、フロア・ディレクター、CG/テロップ制作、送出《そうしゅつ》、放送技術と、数えあげればきりがないほどの人間が関わっています。もちろん先頭を走るのは現場での取材者ですが、つねに後続《こうぞく》の人間を感じながら私たちは動いています。

戦場ジャーナリズムについて考える

さて、十日あまりのコンゴ取材を終え、私たちはついにフランスへの帰路《きろ》につきました。ところが、パリに戻ったのもつかのま、私はアフリカでもらってきたウィルスにやられ、体調を著《いちじる》しく崩してしまいました。ひどい高熱《こうねつ》と下痢《げり》と悪寒《おかん》がとつぜん、断続的に襲ってきたのです。

現地でコレラが流行《はや》っていたので最初はコレラではないかと疑いました。コンゴでは一度、コレラ病棟《びょうとう》にも足を踏み入れていました。私は救急《きゅうきゅう》病院にかけつけると、そのことを看護婦《かんごふ》に告げました。するとすぐに特別な病室に隔離《かくり》され、ベッドの上に仰向《あおむ》けに寝かされて血液を採取されました。ところが、二度の血液検査の末、幸いにしてコレラでもマラリアでもエボラ出血熱《しゅっけつねつ》でもないと判明しました。拍子抜《ひょうしぬ》けした反面、心のどこかになにかすっきりしない、しこりのような感情が残りました。

私は先進国のフランスに戻ってきて設備の整った病院でこうして診察《しんさつ》を受けることができます。しかしコンゴではろくな衛生設備も医療体制も整っていない難民キャンプの病院で、失われていく多くの幼い命がありました。この紛争の人道被害の数を見ると、戦闘による死者は五四〇万人のうちたった六％です。残りの九四％は病気や飢《う》えによる、非暴力による死でした。

紛争では一般市民が狙われます。それらのひとびとが逃げる場所に食べ物や水、保健サービスなどがないため、病気にかかる確率が増大します。コンゴのキバティ・キャンプでも、赤十《せきじゅう》字社《じしゃ》や国際NGOの運営する、診療所《しんりょうじょ》や巡回《じゅんかい》診療は行なわれていました。それにもかかわらず、たくさんの重病の子どもや老人の命が奪われていきました。こうして、残された家族や大人に生きる希望さえ抱《いだ》かせない戦争は続いていきました。私が取材した翌年のコンゴ紛争の総難民数は、前年の倍近くに膨《ふく》れ上がって二一三万人に達していました。

近年、携帯端末やスマホなどの電子機器の進化・小型化によって世界的に「レアメタル」（希《き》少金属《しょうきんぞく》）の需要《じゅよう》が急増していました。コンゴの東部地域ではそのレアメタルが豊富に採掘《さいくつ》されることが知られていました。そしてそれこそがコンゴの武装勢力の資金源《しきんげん》になっていたのです。先進国でレアメタルの需要が高まれば高まるほど、武装勢力にさらに多くの資金が流れます。それに比例《ひれい》するように戦争による犠牲者は増え、コンゴでは罪なき多くのひとびとが住む土地を追われ、難民となっていました。

つまり彼らの多くを作り出しているのは、私たちが普段使っているスマートフォンやタブレットに原因があったのです。それはショッキングな事実です。けれどもこのようなことも、私たちジャーナリストが伝えていかなければならない事柄《ことがら》だと思っています。そしてその仕事に終わりはありません。

ここでひとこと「戦場に赴《おもむ》く」ことの意味を話しておきたいと思います。今、紹介したコンゴ民主共和国の取材では、私たちはとくに戦闘に巻き込まれるようなことはありませんでした。実際には、戦闘はすぐそばで起こっていたのですが、私たちはその最前線をあえて取材することをしませんでした。戦争や紛争という出来事《できごと》の実相《じっそう》を見せるには戦闘シーンは欠かせないものなのかもしれません。実際、戦争の前線では最も多くの尊《とうと》い命が失われています。しかしながら、戦争そのものの理不尽《りふじん》さや無意味さといった、私たちが伝えたい核心《かくしん》部分は、戦闘行為のなかには存在しないのです。

戦争報道には二種類あって、従軍取材と呼ばれる、戦う側についていっしょに報道する場合と、戦闘の最前線で戦う兵士とは一線《いっせん》を画《かく》して、一歩下がってそこに暮らす市民の生の営《いとな》みを中心に取材する場合のふたつがあります。私はどちらかというと後者の取材を多くしました。避難民キャンプや国際NGOの活動現場などです。

「戦場」というのは私たちがふだん経験している日常の世界とはかけ離れた世界です。人がひとを殺し、兵士だけでなく罪のない一般市民もたくさん負傷したり、死んでいったりします。そしてなんとか逃げ延びても、難民となって行き場を失い、そこで子どもたちは虐《しいた》げられ、真っ先に傷つきます。言い換えると、戦争が起きると多くの罪もない子どもたちが犠牲になり、親をなくし、飢えさまようことになります。これほど理不尽なことはありません。

ただ、その非日常の世界でもどうにかして日常の営みを続け、生活をしている人たちが存在します。彼らの声なき声に耳を傾け、その声を私たちジャーナリストは世界に届けなければならないと思っています。戦場ジャーナリストは、手渡された「命《いのち》」のメッセージを自分の心に刻み、それを伝えるために言葉を紡《つむ》ぎ続けなければなりません。

とはいえ、そこが紛争地帯であったり戦争の前線に近かったりする以上、取材するジャーナリスト側もつねに、死ととなり合わせの現場に遭遇する可能性があります。通常、平和な国での報道現場ではそこまでの危険性は少ないといえます。しかし「戦場」はまったく違った「現場」です。とても緊張を強いられる暗黒《あんこく》の場所です。戦争の前線や紛争現場にはいつもくり返される不条理があり、人間の究極《きゅうきょく》の状態が存在します。それを伝えるのもジャーナリストの仕事です。時代背景や世界の情勢がどんなに変わっても、それはつねにジャーナリズムに課せられた使命《しめい》なのです。

第2章 ジャーナリスト・後藤健二ができるまで

ジャーナリズムとの出会い

後藤さんは一九六七年九月二十二日、宮城県の仙台市《せんだいし》に三人兄姉《きょうだい》の末《すえ》っ子《こ》として生まれました。その後、二歳のとき名古屋《なごや》に、五歳のときに東京に移り住みます。後藤さんは小さいときから勉強はできましたが、少し引《ひ》っ込《こ》み思案《じあん》で心配性《しんぱいしょう》なところがある子どもだったといいます。幼いときから英語を習っていて、母親が塾《じゅく》を経営《けいえい》していた関係もあり、中学生のときには塾に通う小学生に英語を教えるほどになっていました。こうして引っ込み思案は徐々に解消《かいしょう》していきました。それでも大人になってからあとも、心配性で慎重《しんちょう》な性格は変わりませんでした。それを表すエピソードがあります。

　後藤さんが成人してから、中東のパレスチナに仕事で行ったときのことです。約束していたインタビュー相手が何かの事情で都合が悪くなり、会えないと言ってきたことがありました。そのとき後藤さんは心配になって夜中の二時過《す》ぎにもかかわらず、取材先から日本の家族のもとに電話を入れました。「これは神様が行くなと言っている証拠《しょうこ》かな」と電話口《でんわぐち》で言って、とても不安げな様子だったという話です。

　ところで、後藤さんが最初にジャーナリストという職業に興味《きょうみ》を持ったのは、小学校五年生くらいのときです。テレビで、戦争でひとびとが苦しむパレスチナの現状を伝える報道番組をやっていたのです。イスラエル軍の戦車に投石《とうせき》するひとびと。死んだ子どもの遺体《いたい》にしがみつくパレスチナ難民。その状況をつぶさに伝えるレポーター。生々《なまなま》しい映像を現地から伝えるその番組を見て、「この人は、いったいどういう職業の人なんだろう」と関心を持ったといいます。このとき初めて、世の中にジャーナリストと呼ばれる、報道の仕事を生業《なりわい》にしているひとがいることを知りました。こういう人たちがいて初めて、遠い外国で起きている紛争のニュースを、家庭のテレビ画面で見ることができると知ったのです。後藤さんはこのことにとても深い感銘《かんめい》を受けました。少年だった後藤さんの心の中に「ジャーナリストへのあこがれ」がはじめて芽生えたのはその頃だったかもしれません。この体験はのちの後藤さんの人生を決定しました。

その後、後藤さんは都内《とない》の高校に通います。身体《からだ》を動かすことが好きだった後藤さんはアメリカン・フットボール部に入部しました。そこではまわりの部員たちからとても信頼《しんらい》されます。後藤さんのチームメイトのひとりは、「後藤さんはとても責任感《せきにんかん》のある人でした」と、当時をふり返り語っています。後藤さんは、のちにジャーナリストになってからも同様、人の嫌《いや》がるような仕事であっても最後まで必ずやりとげるタイプの人間でした。残念ながら腰《こし》を痛めたことが原因で部活は途中でやめてしまうのですが、持ち前の責任感は終生《しゅうせい》変わりませんでした。それは学生時代に、このアメリカン・フットボールというチームスポーツに励《はげ》んだことによって、基礎が築かれたといえるかもしれません。

高校を卒業した後藤さんは、法政大学社会学部に入学します。大学には五年間在籍《ざいせき》しました。在学中の一年間、後藤さんは英語のスキルをのばすため、アメリカのある大学に派遣留学生として赴《おもむ》きます。そのアメリカで子どものころにあこがれた本物のジャーナリズムに出会います。

その頃、中東のイラクととなりのクウェートとのあいだでは、小競《こぜ》り合《あ》いが始まっていました。ほどなくしてイラクがクウェート領《りょう》土《ど》内に軍事侵攻し、本格的な戦闘が始まります。その結果、アメリカを中心とする世界各国がクウェートの湾岸《わんがん》へ兵士を送り込むことになりました。アメリカのテレビやラジオでは毎日のようにこの戦争のニュースが取り上げられていました。先に書いた通り、アメリカのケーブルテレビ局のCNNは連日連夜《れんじつれんや》、空襲《くうしゅう》の様子を生中継で実況《じっきょう》放送し、世界に衝撃を与えます。それらアメリカのメディアの報道合戦をつぶさに見て、後藤さんは度肝《どぎも》を抜かれました。「これがアメリカか！」――それは、後藤さんがそれまで日本では目にしたことがなかった、本物のアメリカン・ジャーナリズムだったのです。

この頃、後藤さんは留学先のアメリカからイスラエルに旅行をしています。この戦争にイスラエルは参加していませんでした。しかしながら、イラクは長年にわたる宗教的確執《しゅうきょうてきかくしつ》と「アラブ対異教徒《いきょうと》戦争」という観点《かんてん》から、イスラエルへ向けてもミサイルを発射《はっしゃ》しました。それはイスラエル最大の都市テルアビブなどに着弾《ちゃくだん》し、死傷者《ししょうしゃ》を出しました。後藤さんはイスラエルで現地の大学生たちとの交流を通じて、のちに「湾岸戦争」と呼ばれるこの戦争の惨劇《さんげき》をリアルタイムで感じ取ることになります。このとき、こういった世界の情勢《じょうせい》を伝える報道という仕事こそ自分の進むべき道ではないか、と感じたといいます。

ところで、ジャーナリストになってから後藤さんは数多くの戦地を訪れました。昨日まで平和だった土地が、戦争が始まって突然「戦場」と化す。そんな場所で生きてゆかざるをえないひとびとのことをカメラで追い続けました。しかし「戦場ジャーナリスト」という肩書《かたが》きを後藤さん自身は嫌っていました。戦場そのものを取り上げるより、その裏側で犠牲になる市民や罪なき子どもたちを取り上げることを、信条《しんじょう》としていたからです。

アメリカやイスラエルで、戦争のなまなましい状況を目撃し、戦争報道に関心をもった後藤さんは、日本に戻ったあと、湾岸戦争をテーマに大学の卒業論文を書きます。

しかしその頃の後藤さんはまだ、BBCやCNNなどの番組の戦地リポートを見て、「すごい。格好《かっこ》いい！」という、ある種ヒーローにあこがれるような感覚を抱いていました。今から考えると不思議です。のちに後藤さんがジャーナリストになってから私たちに伝え続けたのはこういった派手《はで》な戦争映像ではなく、大手テレビ局が取り上げないような市井《しせい》のひとびとの日常の様子でした。ところが若かりし日の後藤さんは、どちらかというと見た目の格好良さからジャーナリストへの夢をふくらませていたのです。このことは、「テッド・コッペルやピーター・ジェニングスのようなアンカーマン（いずれも当時のアメリカの有名ニュースキャスター）にあこがれていた」という、後藤さんの言葉からもわかります。

大学を卒業したあと後藤さんは、一度は父親にゆかりのある日立《ひたち》の子会社に入社して、一般のサラリーマンになります。しかし、ジャーナリストへの思いを断ち切れず、そこを退社《たいしゃ》すると、いくたびかの転職を経験しながら、ジャーナリストになるべき道を探ります。とはいえ、ジャーナリストという職業に就《つ》くのに決まった道筋みたいなものはありませんでした。ある意味、自分で「ジャーナリスト」とさえ名乗れば、だれでもジャーナリストになれるのです。

そこで後藤さんはまず、報道番組をつくるテレビ会社のスタッフ募集《ぼしゅう》に応じます。しかし受けるところ、受けるところすべて不合格でした。ところで最初に説明したように、テレビ番組というのはテレビ局のスタッフだけでつくるものではありません。そこには私のようなフリーランスをふくめ、さまざまな人たちが番組制作に携わっています。制作プロダクションと呼ばれる下《した》請《う》け会社の社員もいます。それで後藤さんは、最終的には、この制作プロダクションのひとつで東京にオフィスがある、「東放制作《とうほうせいさく》」というところに職を得ます。

じつは後藤さんはあまり器用な人ではありませんでした。機械にもそれほど強くなく、細かい事柄を覚えるのが苦手というところがありました。それでもこの会社に入って、基本的なビデオカメラの取り扱いから機材の種類・構造まで、のちに映像ジャーナリストとして独《ひと》り立《だ》ちするための基礎をたくさん学びました。そのことは大きな財産《ざいさん》となったはずです。そして、日本の報道番組がどうやってつくられているのかをナマの現場に接して見ることができたのは、さらに貴《き》重《ちょう》な経験となったでしょう。

一九九五年には、後藤さんは会社を辞めることになります。そしてとにかく早く第一線に飛び込み、もっと本格的に報道の仕事に携わりたいという一心から、実姉《じっし》の会社を譲《ゆず》り受《う》けます。社名を変更し、インデペンデント・プレスという自分の会社を始めることになりました。後藤さんが二十九歳のときのことです。

「何もなくなったのだから、自分の好きな求める道を行こう！」と再出発を切るのです。

「インデペンデント」とつけたのは、何者にもよらない独立した人間になりたい、という意味からです。ひとりで取材地に赴《おもむ》き自らカメラを回す。どこの組織にも属さない、何者からも独立したそんなジャーナリストとして、これからスタートするためでした。その後フリーのジャーナリストとして本格デビューを果たした後藤さんは、中東のヨルダンやアフリカのルワンダ、そして東ヨーロッパのバルカン半島にあるアルバニアなどをどんどん取材していきました。

紆余曲折《うよきょくせつ》を経て、こうして一人前のジャーナリストになった後藤さんでしたが、"INDEPENDENCE"の存在と意義《いぎ》を自分の中で確立《かくりつ》できるまでは、長い時間が必要でした。そして本物の試練《しれん》は実際に仕事を始めてからやってきました。

ジャーナリストとしての歩み

フリージャーナリストとしての第一歩を洋々《ようよう》と踏み出した後藤さんは、言葉ができたので、主に英語を生かした海外でのテレビ取材の分野に活動の舞台を置くことにしました。そして、いくつかのニュース取材や番組制作の下請けを経て、少しずつフリーとして認められるようになっていきます。しかし、その道は決して平坦《へいたん》ではありませんでした。

最初に向かったのは湾岸戦争後のイラクを取材しようと思って行ったヨルダンでした。中東を取材するのは初めてでした。そのころヨルダンの首都アンマンにはサダム・フセイン政権の圧政《あっせい》から逃れたイラクのひとびとが大勢避難してきていました。後藤さんはそんな避難民のなかからイラクの反政府勢力の人たちを探し出してインタビューしました。その仕事は幸運にも在京《ざいきょう》テレビ局からの依頼を受けて行ったので、出発前から報酬《ほうしゅう》をもらえることになっていました。それで現地でヨルダン・タイムスの記者を雇《やと》い上《あ》げて、通訳として手伝ってもらいました。

ところが取材は思ったようには運びませんでした。技術的にも未熟だった後藤さんは、テレビ局に約束していた必要な映像の半分も撮りきれず、意気消沈《いきしょうちん》します。仕方なく日本に帰ってから、いっしょに取材にあたった知り合いの映像ジャーナリストに懇願《こんがん》して、彼が撮ってきた素材を分けてもらうというはめになりました。

アフリカのルワンダに行ったときは良い絵がいっぱい撮れたのですが、今度は日本に帰ってから、撮ってきた素材がなかなか売れませんでした。「やっぱりドンパチのシーンがないとね」とか「派手な映像じゃないからね」と、テレビ局のプロデューサーから言われたのです。後藤さんはその場では笑ってごまかしていましたが、あとで泣いて悔《くや》しがりました。アフリカは今でもそうですがやはり日本人には遠い存在でした。ですから視聴者《しちょうしゃ》の関心もどうしても薄くなってしまいます。

このルワンダ取材の最中に、後藤さんたち取材班はジャングルで、ライフル銃をもった少年兵たちに捕《とら》えられました。「外国人は見たら殺せ」と教え込まれていた子ども兵士から、後藤さんたちは撃たれる寸前《すんぜん》のところでしたが、逃げ出しました。そんな苦い経験を味わってまでルワンダを撮ってきたにもかかわらず、日本のプロデューサーからはあまり評価してもらえませんでした。若い後藤さんが自分なりに「よかれ」と思って精一杯《せいいっぱい》やっても、テレビ局の上の人間には認めてもらえないという厳しい現実を知り、後藤さんは悩みました。それでも後藤さんはあきらめませんでした。そのつらさをバネにして次の目的地に向かいました。

東欧《とうおう》の小国・アルバニアに行ったときは、最初は地図ももたずに出発するところでした。とにかく行った先でなんとかしようと思っていたのです。その頃は無我夢中《むがむちゅう》で、あまり下準備もしないで海外に出かけることが度々《たびたび》ありました。中国と北朝鮮の国境を取材したときは、あまりの無計画さから地元の警察に捕まってしまいました。ですが、このときはたまたま運良く無罪放免《むざいほうめん》となり、その上、予期《よき》せぬ脱北者《だつほくしゃ》のインタビューまで撮って帰って来ました。そんなふうに若い頃の後藤さんの取材の仕方は、とにかく猪突猛進型《ちょとつもうしんがた》でした。すべて自己流ではじめて、体験を通してノウハウを会得《えとく》していく、そんなタイプだったのです。

一方で、第二次チェチェン紛争前夜のチェチェン共和国の取材が放送された当時は、たいへんな反響もありました。その映像を見た日本のあるNPOの人たちが衝撃を受けて、チェチェンに救援物資《きゅうえんぶっし》をおくる活動を始めたのです。このことは後藤さんに、ジャーナリズム活動が実際の世の中を変えうる可能性があることを、教えてくれました。このNPOとはその後も長いつきあいが続きます。

そんな、がむしゃらで一本槍《いっぽんやり》の若き日の後藤さんでしたが、あるとき転機《てんき》が訪れます。自分が「真のジャーナリスト」たるにはどうあるべきか、という問いに目覚める出来事がおこるのです。それは一九九八年のコソボ紛争でした。

ヨーロッパ南東部のバルカン半島にあるコソボ共和国。旧ユーゴスラビア連邦の一部だったコソボは、もともとはセルビア共和国内に位置する小さな自治州でした。住民の九割はアルバニア人です。そのコソボで、独立を要求するアルバニア人とこれを認めないセルビア共和国とのあいだで対立が発展し、紛争となりました。この紛争で多くのアルバニア人がセルビア人によって虐殺されました。迫害から逃れるためコソボを脱出するアルバニア人難民が急増したことで、西側諸国は、このジェノサイド（集団虐殺）を阻止するためのNATO軍の空爆に踏み切りました。

そんな空爆のさなかのコソボで、紛争の犠牲になった無力な人たちを目の当《ま》たり《あ》にして、後藤さんは言葉をなくしました。殺戮《さつりく》や破壊による憎しみや悲しみ。飢えや死。これらを生み出す人間自身のもつ「おろかさ」といったものに自分はどう向き合えばよいのか。〈ジャーナリスト〉としてなにを撮って、なにを伝えるべきなのか。後藤さんは思い悩みます。

そして、自分はその「おろかさ」の原因を非難《ひなん》したり、批判《ひはん》したりすべきではないと思い至ります。自分はただ、その事実を黙々《もくもく》と伝え続けさえすればよい、と思い始めるのです。後藤さんはこのとき、〈ジャーナリスト〉という自分の職業のほんとうの意味を悟ったのです。

それ以降、後藤さんの取材スタイルは一変します。冷静《れいせい》に相手を見つめ、慎重に行動するようになりました。一途《いちず》に対象にのめり込んでいく取材姿勢から、そのつど状況判断をし、被写体《ひしゃたい》とのスタンスを取るようになりました。ただし、罪なきひとや弱者の側に立つ姿勢だけは一貫《いっかん》して変わりませんでした。

一九九〇年代半ばの時期というのはビデオジャーナリズムの変革期《へんかくき》でした。撮影機材が小型化し、性能も上がり、値段もどんどん安くなって行きます。大手メディアでなくてもだれでも、これらのカメラ・音声機材をもって、海外に取材に行けるようになりました。そんな勃興期《ぼっこうき》にあったビデオジャーナリズムの世界で、二十代から三十代を駆《か》けぬけた後藤さんは、水を得た魚も同然でした。ノウハウもなにも持たないところから独学《どくがく》で技術を身につけ、経験を積み、独自の方法論を体得《たいとく》していきました。それと並行《へいこう》して、仕事で築いた人脈を利用して、テレビジャーナリストとしての地歩《ちほ》を固めつつ、発表の場を獲得していきます。

テレビメディアの側にも、それまでのNHKに見られたお堅《かた》いニュース番組といった形式から、民放《みんぽう》を中心に新しいスタイルの報道ワイド番組が登場するなど、番組報道のありかたに変化が生じます。視聴者も既存《きぞん》の報道映像には物足りなさを感じるようになっていました。現場からのもっと迫力のある、真にせまった映像を望むようになっていたのです。こうして一気にビデオジャーナリズムが開花《かいか》していった日本で、後藤さんは活躍の場を拡《ひろ》げていきました。そして二〇〇〇年、後藤さんは少年兵をテーマに扱った『シエラレオネ内戦～断ち切られた家族～（NHK・ETV2000）』という作品で、初の長編デビューを果たします。

第3章 人としての信念

ジャーナリストのあるべき姿

大学時代の留学がきっかけで本物のジャーナリズムに出会い、卒業後、転職をくり返しながら報道の道に進んだ後藤さん。独立し、ジャーナリストとしての場数《ばかず》を踏んでいきながらプロフェッショナルなスキルを磨《みが》くことで、やがて彼は「映像ジャーナリスト」こそ自らの天命だと悟るようになりました。ところでそんな後藤さんの「取材」の仕方というのは、いったいどういうものだったのでしょうか。

後藤さんの取材スタイルは、とにかく「行ってみる」というものでした。「迷ったら」とりあえず「現場に行ってみる」ということを信条《しんじょう》にしていました。まさに〈現場主義〉です。現場には匂《にお》い、音、感触《かんしょく》が満ちあふれています。ソーシャルネットワークなどの発達でジャーナリズムのあり方が劇的《げきてき》に変わろうとしている現代でも、現場ジャーナリズムの重要性は決して失われていません。

それから前にも書きましたが、「戦いの最前線には行かない」というのが後藤さんの本来のスタイルでした。銃弾が飛び交い爆弾が落ちてくるような現場ではなく、その裏にある日常、一般市民の生活や人間の不断《ふだん》の営みというものに、彼はむしろ関心がありました。とくに難民キャンプに入り込んで子どもたちのたくましい姿を撮影するのが得意でした。これは同じ映像ジャーナリストとして私の価値観とも一致する部分です。

また取材現場ではビデオカメラは短く切らずに回しっぱなしにするのだと、つねづね言っていました。加えて、取材というものは何度も、何度も同じ場所をおとずれ、しつこく回数を重ねれば重ねるほど、深くなっていくものだとも話していました。情報は日々《ひび》刻々《こくこく》変化し、積み重なっていきます。知識も経験も時間の経過とともに増えてゆくものだからです。

もちろんここに書いたのは一例に過ぎません。ジャーナリストが十人いれば十のやり方がある、というのが後藤さんの考え方でした。国が変わればやり方も変わるのが取材というものです。私の知り合いのフランス人のなかには、与えられた現場を見て考え、限られた条件の下で最善《さいぜん》を尽《つ》くすことがプロの仕事だ、といった人がいました。彼にとっての「現場第一主義」とは、とにかく限られた時間と予算のなかでいかにうまく効率《こうりつ》的に撮影を行なうかに、レゾン・デートル（存在理由）があるということでした。〝費用対効果《ひようたいこうか》〟を最大限引き出す手腕《しゅわん》にこそ自らの真価が問われている、ということのようです。伝統的合理主義の国フランスの人間らしい発言ですが、要は、現場での〈柔軟性《じゅうなんせい》〉こそ最も大切である、と彼は考えているようでした。

一方、後藤さんはつねに「中立《ちゅうりつ》」であることも目指していました。その場の状況や情報に押し流されて、「風見鶏《かざみどり》」のようにクルクル立場を変えてしまっては中立とはいえなくなります。ですから、中立というのは自分の根っこを持つということです。そのためには、確固《かっこ》たる自分の意見や考え方、そしてものごとを計るための独自の〈ものさし〉を持っていなくてはなりません。そのものさしの目盛《めも》りは、感情的・感覚的なものでなく、あくまでも事実や統計を基準《きじゅん》にしたものでなければなりません。独りよがりではいけないのです。その上で、判断したことを自らの理性と経験値に照らし合わせ、答えを導きださねばなりません。決して他人がこう言っているからとか、上の者がこうしなさいと言うからという理由で、右を向いたり左を見たりしてはいけないのです。つまりだれからも干渉されない、なにものにも影響を受けないという「独立性」が、ここでは問われるのです。

そして中立だと判断できたら、今度はどれだけその出来事やものごとを「客観的《きゃっかんてき》」、いいかえれば「公正《こうせい》」に伝えられるかです。だれがなんと言おうとも、そこで事実を事実としてきちっと報道できなければ、ジャーナリストの使命は終わってしまいます。バイアスのかかった報道というのは、政治的プロパガンダではあっても、ジャーナリズムとは呼べません。人を説得する力もありません。たとえば、持ち帰った映像やメッセージが万が一こちらの意図に反するような、しかも悪意《あくい》のあるような使われ方をした場合、それを後藤さんは絶対に許しませんでした。

反対に、ものごとの「善し悪し」をすべて見る人、聞く人の判断に任せてしまうのも真のジャーナリズムとは言えないと、後藤さんは考えていました。「事《こと》なかれ主義《しゅぎ》」や「建前論《たてまえろん》」だけではほんとうのメッセージは伝わらないからです。取材をさせてもらってメッセージを託されたジャーナリストには、その真意をちゃんと伝える責任と義務が生じます。自分はそのメッセージを、いつ、どこで、どういう方法で、だれに向かって、なんのために伝えるか、ということを、しっかり表明しなくてはならないのです。

さて、後藤さんにはもうひとつ大切にしていた規準がありました。それはジャーナリストとしてではなく、一個の人間としての〈ものさし〉です。自分が撮ってきた映像を日本で見るたび、与えられた運命と環境の中で精一杯、ありのままに生きようとする子どもたちの姿を、声を、思い出しました。そして、「自分は今ここに、恵まれた生活の中に暮らしていていいのだろうか」と自問しました。これまで世界中の取材現場で出会ってきた多くの子どもたち——その痛々《いたいた》しくも優しい笑顔を持った子どもたち——の表情がいつも蘇《よみが》ってきて、日本にいることがいたたまれなくなるのです。彼らは皆いつでも、カメラの前に自分の偽《いつわ》りのない生《い》き様《ざま》——どれも悲しくつらいものばかりです——を見せてくれました。自分はそれらの不条理を世に問うことができているだろうか？　いや、到底《とうてい》できていないのではないか？——この「自問自答《じもんじとう》」こそを、後藤さんは大切にしていたのです。

そして、いくら「自問自答」をくり返しても納得のいかないときや、自分の立ち位置、それに自分自身に迷いが生じたとき、後藤さんはまた現場に向かいました。そして、合点《がてん》のいくまで取材を続けました。そんな後藤さんだったからこそ、現場で出会うどんな人に対してもやさしさを忘れなかったのです。

取材を重ねるなかで

では一方で、危険地帯に赴くジャーナリストの心構えを後藤さんはどう考えていたでしょう。軍隊や警察で働いた経験は後藤さんにはありませんでした。それでも後藤さんは、政情《せいじょう》不安定な場所や危険地帯での取材に関しては、具体的なスキルが必要になってくると考えていました。実際、後藤さんは後年、ロンドンのローリー・ペック財団《ざいだん》が資金を援助する、フリーランス支援プログラムに参加していました。

ローリー・ペック財団は、フリーランス・ジャーナリストとその家族を支援することを目的として、一九九五年に設立された英国の団体です。活動の柱のひとつは、危険な状況下で報道を続けるジャーナリストたちに、「危険回避の訓練《くんれん》」を施《ほどこ》す研修《けんしゅう》を定期的に行なうことでした。

後藤さんの受けた研修は、四日間、装甲車《そうこうしゃ》やヘリが常備《じょうび》されるチェコの訓練場でテント泊《はく》しながら行なわれました。それは、予告なしの模擬《もぎ》襲撃や実弾での射撃訓練、けがの応急処置《おうきゅうしょち》や蘇生法《そせいほう》、そして監禁《かんきん》・軟禁《なんきん》された場合の対処法を学ぶ、といった内容でした。すさまじい研修で、最後は完全密閉《みっぺい》空間で監禁状態におかれ、吐《は》き気《け》を催《もよお》すようなものだったと後藤さんは述《じゅっ》懐《かい》しています。その訓練の過程《かてい》で、危機回避の仕方や現地の治安状況、政府や軍の動き方、武装勢力の思考法などを、徹底的に教え込まれました。また、一人ひとり個別に誘拐《ゆうかい》され詰問《きつもん》を受けた場合の受け答え、それに止血《しけつ》などの実際的な方法と、それらは実地で役に立つことを想定して考えられていました。

しかし、そのようなリスクマネジメントが必要となってきた近年の取材に比べると、研修を受ける以前の後藤さんの取材は、一般市民の暮らしの中に入り込んで行なう、日常的なものがほとんどでした。そのため、現場経験値《けいけんち》とともに、いわゆる「戦場ジャーナリスト」などとは異なった、人道的スキルの方がむしろ肝要だと考えていました。このような理由から、後藤さんが日々の心構えとして、現場を取材するときに最も注意を払ったのが、人間の「命の尊厳《そんげん》」が保たれているかどうか、という点でした。

ただし、近年の戦場では戦闘の前線がどんどん一般の生活圏《せいかつけん》を侵食《しんしょく》し始めていました。そこでは兵隊と市民が混在《こんざい》していることがほとんどです。兵士たちが体験する戦争という狂気も、市民が暮らす日常も、私たち人間の「生の営み」の一部にほかなりません。

戦争や紛争地ではこのように「日常」と「非日常」のあいだを行ったり来たりして取材をします。テーマとして求められるのは、「普遍性《ふへんせい》」と「特殊性《とくしゅせい》」です。「生の営み」「命の尊厳」「戦争の狂気」といったものは、どれも「普遍性」と「特殊性」を内包《ないほう》しているものなのです。しかしながら、「命の尊厳」を守るために私たちの救いの手を最も必要としている存在は、そのどちらの世界にいる人間かを考えると、答えはひとつでした。

ところで、そのような現場に一歩足を踏み入れると、どうしても自ら平常心《へいじょうしん》を欠いて、前ばかりを見て、後ろをふり返ることを忘れてしまいがちです。そんなとき後藤さんは、いったん冷静に戻って自分を律《りっ》することを思い出し、「撤退《てったい》する勇気」も忘れないで持つようにしていました。

実際、貴重な映像が撮れる現場が目の前にあるのに、退却《たいきゃく》を余儀なくされたりホテルで足止めを食らったりする状況になることが多々あります。そうなった時のイライラ感はひどいものです。「もっと派手な画像を撮りたい」「最高のエピソードが必要だ」という気持ちが前面に出るのは事実です。フリージャーナリストの場合、突っ込んでいくら、という面もあるからです。だからどうしても前のめりになります。

けれども、絶対に生きて還らなければならないという、断固《だんこ》たる意志だけは持ち続けなければなりません。家族同然といえる現地の通訳・スタッフなども含めて――確率がたとえ五%しかないと判断されても――混沌とした状況からなんとしてでも抜け出し、素材と共に生還《せいかん》するためにすべてのスキルを収斂《しゅうれん》させていくことを心がけなければいけません。

後藤さんのみならず私たちすべてのフリーランスのジャーナリストにとって、なにも取材できずに手ぶらで帰るということは致命的なことです。それは大損《おおぞん》を意味し、ときには取材にかかった費用《ひよう》の借金の返済《へんさい》だけが待っている、といったこともおきます。しかし、命あってのモノ種《だね》です。「多分、だいじょうぶだろう」というときこそ、それ以上の深追いは禁物《きんもつ》なのです。潔く退散することも、勇敢なジャーナリストの資質のひとつだと後藤さんは考えていました。なぜならそこまでの取材で抱えさせてもらった「彼らのメッセージ」を持ち帰る責任が私たちにはあるからです。せっかく受け取った〈声〉を、ひとびとに伝える前にどこかで失くしてしまったら、まったく申し訳がたちません。たとえ、そのメッセージの受け取り手がたったひとりだったとしても、その人は私たちが届けるメッセージを必ず待っていてくれる、と信じて……。

これは後藤さんがアフガニスタンに行ったときに実際にあった話です。あるとき、戦争で無惨《むざん》に殺された子どもを見て、後藤さんはその子の姿が自分の娘と重なって、つらくて、つらくてどうしようもなくなったことがありました。そのとき、その子の母親がカメラを手にした後藤さんのもとにやってきて、「この子の死を、世界中に伝えてください」と、訴えました。それを聞いた後藤さんは、「泣くのはジャーナリズムの仕事ではない」ときっぱり悟《さと》り、自分の今やるべきは、目の前の現実を自分自身の中でしっかり消化し、記録し、それを日本にまで持ち帰ることだ、そしてこのことをひとびとに知ってもらうことにある、と確信したのです。

ずっとのち、後藤さんはシリアで、今度はある若いカメラマンと知り合いになります。彼の名はハリールといい、カメラを覚えてまだ一年半にしかならないかけだしのフォト・ジャーナリストでした。そんな彼に後藤さんは、理論《りろん》から現場での取材の心構えまで、知っている限りを指南《しなん》します。後藤さんがハリールに教えたのは、「目の前でなにが起こっても、記録し続ける」ということです。

あるとき後藤さんとハリールはシリアのアレッポの市街地で、シリア政府軍のミサイルが着弾した直後の現場に行き合います。取材をしていると、その数十分後、今度は新たなミサイルが近距離で爆発しました。それは、爆撃で傷ついた市民を助けるために集まってきたひとびとを狙って、あきらかに同じ場所に政府軍が撃ち込んだ二発目のミサイルでした。二人が駆けつけてみると、そこには血まみれになった男性がひとり横たわっていました。その男性を見てハリールは、とつぜん写真を撮る気力を失って、地面にへなへなと座り込んでしまいます。そして彼はその場にうずくまり泣き崩れました。

ハリールの目の前で大量の血を流し横たわっている遺体は、彼の友人でした。このとき後藤さんは、その場の様子をビデオカメラで懸命《けんめい》に撮影し続けながら、嗚咽《おえつ》するハリールに向かって大声でどなりました。

「撮れ、撮れ、撮れ、ハリール！　カメラをつかんで、写真を撮るんだ！」

後藤さんは知っていました。ハリールがいまどんな気持ちで友だちの死を見つめているか、それがどれほどつらいことかを。しかしそれでも、ハリールには、その死をカメラで記録しなければならない使命があるのです。なぜなら、彼が今この場で、カメラで捉えようとしている光景は、世界中が見る可能性があるからです。犠牲になった友のためにも、世界の関心をこの愚かな戦争に向けさせなければならないんだ、そう後藤さんはハリールに言いたかったのです。

後藤さんにうながされると、ハリールは歯を食いしばって立ち上がり、カメラのファインダーをのぞき、シャッターを切りました。

「戦争」というものは、人間の心と肉体に、消し去れないほどの大きな傷跡を残したり、抱えきれないほどの重荷を背負わせたりしてしまうものです。後藤さんはそんな、傷ついた彼らの人生に真剣にかかわり合い、困難のなかにある人たちの暮らしと気持ちに、生涯寄《よ》り添《そ》いたいと思っていました。ジャーナリストである以上、自分は取材し続けること、やりかけの仕事がある以上、絶対にあきらめないこと、それがいつか大きな山を動かすことになるのだと、後藤さんは信じていました。

後藤さんの信仰心

ここでひとつ大事な、宗教についての話をしたいと思います。若いころ後藤さんは、たまたま連れられて行ったクリスマスの礼拝で初めて都内の教会を訪れて、涙が溢《あふ》れ出てとまらなくなったことがありました。その経験のすぐあとに、ロシア連邦のチェチェン共和国に紛争の取材をしに行くことになりました。後藤さんはキリスト教徒でしたが、これはまだ彼がクリスチャンの洗礼《せんれい》を受ける前の話です。

このときの後藤さんは新米《しんまい》ジャーナリストで、紛争地取材に関してはまだ右も左も分かりませんでした。それで現地に入ってからどうしてよいか立ち往生してしまいます。ところが、ぐうぜん行きの飛行機内で出会ったスペイン人の記者や、現地のひとびとの多くの親切、それに幸運にも助けられながら、後藤さんはこのチェチェン取材を無事完遂《かんすい》することができます。「もし彼らに出会わなかったら、取材はおろか、生きて帰れなかったかもしれない」と、後藤さんはその当時のことを言っています。

そのときなにか自分以外の力に手を引かれている感覚が後藤さんにはありました。それはある種《しゅ》、人間の存在を超えた、宇宙の大きな意志であるように感じられた、とのちに語っています。そしてそのことがきっかけとなって、そのあと日本に戻って来てから、後藤さんはクリスマスの礼拝で行ったあの教会で受洗《じゅせん》をしました。

洗礼式のとき牧師《ぼくし》から、「死ぬためじゃなく、生きるために宗教はある」と言われます。そして、神を信じるということは生きるということが前提だと教えられ、自分の命を粗末《そまつ》にすることのないように、そして日々生きていることに感謝するようにと諭《さと》されました。

洗礼を受けてからは、後藤さんは胸ポケットに小さな聖書を入れ、肌身離《はだみはな》さず持ち歩くようになりました。そして、「神は私を助けてくださる」と信じ、安心していろんなところに取材に出かけるようになりました。一方では、たとえ取材の途中で命を落としても、「神様が見守ってくれているから淋《さび》しくない」と、思うようにもなりました。

こういうふうに見ていくと、後藤さんがオレンジ色の囚人服《しゅうじんふく》でＩＳ（イスラーム国）の戦闘員の前に跪《ひざまず》かされた映像を撮られたあの日、最後まで落ち着き尊厳を保てていたのは、そこに信仰があったからだと思わざるをえません。そのとき、〈天の存在〉が彼を勇気づけ、彼の心を強さと平安さで満たし続けていたからではないかと、私には思われます。

同時に、後藤さんはこの世界には抗《あらが》うことのできない「理不尽」な現実が存在しているということも知っていたように思われます。今、自分の身の上についにその「理不尽」な運命が巡《めぐ》ってきたのだということに、そのとき覚悟を決めていたようにも感じられます。彼は人間やこの世界の非情さ、不条理と残忍《ざんにん》さをいやというほど見てきていたからです。

後藤さんと私は、公私《こうし》にわたって十年以上の付き合いがあり、長年同じ仕事に携わる同業者でした。後藤さんの事件を知った時、クリスチャンでもある私は、後藤さんは命がけでイエス・キリストの愛の教えを自らの行動で示し表してくれたのだと思いました。後藤さんは自らの十字架《じゅうじか》を担《かつ》ぎイエスの後に続こうとしたようにすら、私には思えました。実際、彼はその半生を通してイエスの愛やいつくしみといったものをさまざまな形で皆に伝え続けてきていました。

イエス・キリストはベツレヘムで生まれたのち、一世紀にパレスチナのユダヤの地で宗教活動を始めました。もう二〇〇〇年も前の話です。ところが二十一世紀に生きる現代の私たちも、イエスの言葉や行動から多くの示唆を読み取ることができます。

「一粒《ひとつぶ》の麦がもし地に落ちて死ななければ、それは一つのままです。しかし、もし死ねば、そこから豊かな実を結びます。」(『ヨハネによる福音書《ふくいんしょ》』第十二章二十四節)

この言葉は、イエスが語ったとして、弟子のひとりヨハネが後の信者のために書き記した、『福音書』という書物に残されているものです。イエスがそれをヨハネに話した時、それはこの世での最後の夜のことでした。次の日、自分が殺されることをイエスは知っていたのです。「一粒の麦」とはイエス自身を指しており、彼が十字架にかけられることによって、多くの人に愛と永遠の教えが与えられることを示していました。もしイエス・キリストが自らの生命に固執《こしつ》していたのなら、イエスの愛と教えはそのまま枯渇《こかつ》し消滅していたでしょう。反対に、自己の命運《めいうん》を天の父に委ねたことによって、驚くべき奇跡がそのあと起こり、イエスは新しい永遠の生命となったのです。

イエス・キリストの死後、ローマ帝国によるキリスト教迫害《はくがい》は三〇〇年間以上続きました。しかしその間もひとびとの信仰心は決してついえ去ることはなく、綿々《めんめん》と受け継がれて行きました。ひとからひとへ、世代から世代へと。

クリスチャンだった後藤さんが愛唱《あいしょう》していた賛美歌《さんびか》、「栄《さかえ》の王にます主《しゅ》の」のなかに〈神のみことばに立て〉というフレーズが出てきます。〈神のみことばに立て〉――それは私たち一人ひとりの命を他人のために使い切ること――すなわち「献身《けんしん》」、「無償《むしょう》の愛」、「自己犠牲」を意味します。その言葉通りに、後藤さんは考え、行動したのかもしれません。だからこそ、彼の行ないは多くの人たちの心に愛や感動を植えつけ、その精神はずっと生き続けるはずです。

しかし世界は今、その「献身」、「無償の愛」、「自己犠牲」を忘れて、一八〇度別の方向に向かっているように思われます。二〇一五年十一月十三日にフランスのパリとサン＝ドニにおいて、同時多発的《どうじたはつ》にテロが発生し、少なくとも一三〇人もの市民が死亡しました。それに対抗して、フランスのバルス首相は議会《ぎかい》での演説《えんぜつ》で、「フランスはテロリストとイスラーム過激派との戦争に突入した」と宣言しました。このような復讐《ふくしゅう》の連鎖が無差別な暴力につながっていくような解決策、人の憎悪をあおるようなやり方は、はたして後藤さんが望んでいたことでしょうか？

ロシアの軍事介入、そしてフランスの空爆などで、シリアからの難民は増え続け、一二〇〇万人以上のひとびとが住処《すみか》を求めて、トルコ、レバノン、そして欧州へ渡っています。今後も行き場を失ったひとびとは世界中にあふれることでしょう。その結果、世界はますます右傾化《うけいか》・保守《ほしゅ》化《か》していきます。

後藤さんとも親交があった湯川遥菜さんがＩＳに拘束されたとき、日本人の多数派《たすうは》は彼を擁護《ようご》しませんでした。自己責任だとか、迷惑《めいわく》行為だとか言って非難さえしました。しかしそのとき、後藤さんは神の言葉を聞いたのではないでしょうか。たった一頭でももし道に迷ったなら、その迷える羊を探しに行くべきだと。もしそれが、自分にできうることなら、それをしないでいることは罪にあたるのだと。

ですから、二〇一四年十月二十五日の朝、「これからラッカに向かいます。何か起こっても責任は私自身にあります。シリアの人たちに責任を負わせないでください。必ず生きて戻ります」と言い残して、後藤さんがISのテリトリーに入っていったとき、彼が金銭目的や売名《ばいめい》行為でそうしたというのは当たっていません。そのように考える人は、きっと後藤さんがクリスチャンであったことも、彼が持っていた本物の信仰心も知らないのでしょう。

湯川さんがISに捕まる前、後藤さんには、アル・カーイダ系のヌスラ戦線というグループにシリアで三日間ぐらい拘束され、刑務所のようなところに入れられた経験がありました。同行していたシリア人の通訳たちもいっしょに監禁されました。そのとき、その通訳たちは怖がってしまって、生きてここから出られないかもしれない、とうろたえていました。しかしこのとき後藤さんは静かに目を閉じ、眠るようにしていました。このような環境では、「絶対に抵抗せず、一〇〇%服従する」ことが肝要だと知っていたからです。それに人生の極限《きょくげん》状態ではネガティブなことは考えない、と彼は決めていました。それで後藤さんは、ただ心身を休めることだけを考えて、目をつぶっていたのでしょう。

それを見たシリア人の仲間のひとり、モハメド・マウムッドは後藤さんに、こんな状況でよくお前は寝ていられるな、と驚いたそうです。もしかすると、後藤さんは目を閉じて、ひとり心の中で祈りを捧げていたのかもしれません。

祈りは、確かにひとを救います。私自身も経験があります。アパルトヘイト＝〈人種隔離政《じんしゅかくりせい》策《さく》〉の深い傷跡が残る一九九〇年代初頭の南アフリカで、ひとり暮らしていたときのことです。あるとき一週間に二度も街なかで強盗集団に襲われたことがありました。数人のグループにかこまれ、後ろから羽交《はが》い締《じ》めにされ、前からは銃を突きつけられ、「カネを差し出せ」とおどされました。私はもう少しで命を奪われそうになりましたが、幸い、二度とも金銭をはぎとられるだけで、命に別状《べつじょう》はありませんでした。

ところが、そのあとこの出来事がトラウマとなり、私は外に出られなくなって、自宅にひきこもりの状態が続きました。真《ま》っ暗闇《くらやみ》のなかで、毛布をかぶって恐怖と孤独《こどく》に怯《おび》え続けているうちに、私は完全に自分を見失ってしまいました。そして精神的に錯乱《さくらん》した状態におかれてしまったのです。そのとき私を救ってくれたのが、「祈り」でした。

私は来る日も来る日も神様に祈り、助けを乞《こ》いました。するとどうでしょう、ある日突然私の身体からぽっとなにかが剝《は》がれ落ちるようにして、心が急に楽になったのです。そしてその瞬間、それまでの恐怖も孤独もすっかりどこかに行ってしまっていました。私はこのとき、本当に苦しい時、もう、どうしようもないと感じた時、ひとは「祈る」という行為そのものだけでも、救われるものだと感じました。

イエス・キリストは十字架にかかって、自らのその身でわたしたちの罪をあがなってくださいました。シリアでＩＳに拘束されていたとき、後藤さんはずっと抱いていた神に対する罪悪《ざいあく》感《かん》――人間が本来有している罪――それへの〈償《つぐな》い〉、つまり贖罪《しょくざい》をイエスに行なってもらいたいと考えていたのかもしれません。「与えられた命に対して、勝手に袖《そで》をふった罪は大きい」と、以前それを後藤さんは表現しました。この言葉の意味に関しては次章で詳しく述べたいと思います。

しかし、たとえそれが、「贖罪」だったとしても、後藤さんが最終的に取った行動の根っこに、イエスの愛＝〈慈悲《じひ》の心〉への溢《あふ》れんばかりの共感があったことは、疑いの余地がありません。

「一粒の麦がもし地に落ちて死ななければ、それは一つのままです。しかし、もし死ねば、そこから豊かな実を結びます。」

――後藤さんの「死」と、その後の社会的反響のもつ意味は、まさしくこのことが二〇〇〇年の時を越えて実現された証《あかし》ではないかと、私は思っています。

第4章　私たちの知らなかった後藤さん

イラクでの体験

二〇〇三年三月に、アメリカのブッシュ大統領によって始められたイラク戦争は、その開戦《かいせん》理由だったイラクのフセイン政権が隠し持っていたとされる「大量破壊兵器」が見つからないまま、アメリカ側の一方的な「大規模戦闘終結宣言」によって五月一日に終わりました。そしてまもなく、イラクではアメリカの占領統治が始まりました。その頃、後藤さんは占領下のイラクのひとびとを取材するため、サダム・フセインの生まれ故郷ティクリートに入りました。

イラク戦争がもたらしたものの真実をひとびとに伝えるには時間がかかると、後藤さんは考えていました。占領下のイラクでなにが起こっているのかをちゃんと把握し説明できるようになるためには、もっと深く踏み込んで取材をする必要があると、そう思っていたのです。その上で、その結果をきちっと分析し、さらに取材を重ねて事実を再構成しなければならないと考えました。

その取材のさなか、車で移動中にアメリカ軍が武装集団から襲撃された現場に、後藤さんたちは遭遇しました。番組の素材として活かせると思ったのか、後藤さんはカメラを持って車を降り、八〇メートルほど先の現場に向かって走り出しました。それを見つけた数人のアメリカ兵はとっさに腹ばいになり、後藤さんに銃口を向け、その場にひれ伏すように命じました。

「カメラを置け！　カメラを置け！」

興奮して叫ぶ米兵に驚いて立ち止まった後藤さんは、カメラを地面に置き、両手をあげると、その兵士に向かって大声で叫びました。

「I am Japanese Press. I am Kenji Goto.（私は日本の報道関係者だ。名前は後藤健二）」

米兵ふたりが立ち上がって、まっすぐに近づいてきます。彼らがのぞき込んでいるスコープの真ん中に後藤さんがいることは間違いありませんでした。このとき地面に置いて回しっぱなしにしていたカメラは、一歩間違えばその兵士に撃たれるかもしれないというこの緊迫《きんぱく》した場面を捉えていました。

このイラク・ティクリート近くで米軍が武装勢力に襲撃された現場にたまたま巡り合わせた当時、後藤さんの取材に同行していたイラク人の通訳がいました。のちにフランスに亡命することになるイラク女性で、名前をディーナと言いました。二〇〇三年の十一月から翌年の三月までの五ヵ月間、数回にわたって彼女は後藤さんの取材に通訳として同行しました。

ディーナは、後藤さんが自分たちが乗っていた車から飛び降り、ビデオカメラを構えて米軍の兵士に向かって駆けていくのを車中から見守っていました。彼女は、アメリカ兵が後藤さんに銃口を向けながら近づいてきたときの様子をこう語っています。

「米軍の兵士たちは銃を構えたまま、〝ジャーナリストなど、くそくらえだ〟と健二に叫んでいました。とても危ないことを、健二はしようとしていました。車にいた私たちは生きた心地もしませんでした」

兵士の銃口はついに後藤さんの左胸一〇センチのところまで近づいてきていました。彼らは銃の照準《しょうじゅん》を定めたまま、左手で後藤さんが首から下げていた記者証《きしゃしょう》をチェックすると、トランシーバーをつかって本部と交信をしました。しばらく凍《こお》りつくような時間がすぎたあと、本部からの返答を聞いた兵士は、

「ノー、プレス（取材は禁止）！」

そう怒鳴《どな》って、後藤さんにその場から立ち去るよう命じました。そうして兵士たちは、銃口を向けたままの姿勢で、今度はゆっくりと後ずさりして行きました。

それを見て、後藤さんはやっと心臓の鼓動《こどう》が戻ってきたのを感じました。彼らがもとの位置まで下がって見えなくなってしまうまで、後藤さんはじっと両手をあげたまま立《た》ち尽《つ》くしていました。それからゆっくりと身体を動かすと、地面からカメラを持ち上げ、ディーナたちが待つ車へと戻って行きました。

そのとき、ちょうど到着した米軍のヘリの巻き起こす砂ぼこりが原因で、後藤さんの喉《のど》はガラガラになり、咳《せき》が止まらなくなりました。かろうじて車に戻った後藤さんの周囲を、今度は戦車が何台も、ものすごい音をたてて走り抜けて行きました。

シートに滑《すべ》り込《こ》んだ後藤さんは、青ざめた表情をしている通訳のディーナの様子を見て、そのときやっと事の重大さを認識しました。

実はこのときの様子を、その後、後藤さんは何度も文章にしています。そのなかで後藤さんはこんなことを書いています。

「米軍が襲撃された現場に遭遇した。ことの成り行きを見守る一般市民の側から、見えない線をまたいで"War zone"（戦場）へ入っていった」

それまでの後藤さんは、ずっと一般市民の側からイラク戦争を取材して見ていました。ところが、この時は「見えない一線」を越えて戦闘の最前線に入ってしまった、というのです。後藤さんはこの瞬間《しゅんかん》、動きを間違えば確実に撃たれる、と感じ、「頭の中がまっしろになった」と言っています。

後日、このときの映像を見るたび動悸《どうき》が止まらなくなって、あの時の緊迫感が「異様《いよう》な熱量《ねつりょう》でよみがえってきて息苦しくなる」と後藤さんは語っています。また、米兵に本気でホールドアップされたこともそうですが、舗装された車道を通らずに道路の測道《そくどう》を歩いて行ったことのほうが危険だった、ともふり返っています。測道には武装組織によって仕掛《しか》けられた地雷《じらい》がたくさん埋まっていた危険性があったからです。

しかしながら、このときの体験が後藤さんにとってトラウマとなったのは、これらのことが原因ではありませんでした。後藤さんは、車を降りて無我夢中で米兵の方にかけよっていった瞬間、「心の中で家族に〝さよなら〟をしてしまった」のです。

映像を見るたび息苦しさを覚えるのは、その罪悪感のせいからでした。

――「〝さよなら〟をしたのに、なぜ、おまえは生きて帰ってきたのか」

後年、後藤さんはある記事の中で、この事件を回想し書いています。

「四六時中、自分自身を責《せ》める問いかけが続きました。与えられた命に対して、勝手に袖《そで》をふった罪は大きい。たとえ、どんな状況下であったとしても。それはもう、自分自身ではぬぐいきれない罪ではないか――。戦争は、人間の心に深い切り傷をつけ、本来豊かである人間の感情を複雑にこんがらがった糸のように狂わせてしまいます。ましてや〝見えない一線〟を越えてしまったら、命の保証はほとんどありません」(「戦争に行くという意味」『クリスチャントゥデイ』二〇一四年十月二十六日)

そしてこの、「〝見えない一線〟を越えてしまった」体験は、それからの後藤さんの人生を変えてしまいました。この事件がきっかけで後藤さんはPTSDに陥《おちい》り、精神科《せいしんか》に通うようになるのです。

PTSD=〈心的外傷後《しんてきがいしょうご》ストレス障害《しょうがい》〉というのは、とても怖い思いをした経験が心の傷となり、その記憶が何度もよびさまされて、恐怖を感じ続ける病気です。生死にかかわるような危険な体験をしたり目撃したりすることによって発症《はっしょう》します。しかし後藤さんの場合は徐々《じょじょ》にその症状が進行してきていたのだと考えられます。

後藤さんはこの年の前年、二〇〇三年に、アフリカ・リベリアの内戦の取材をしています。そこで、紛争で死んだ大勢の遺体がブルドーザーで集団墓地《ぼち》=〈穴〉に入れられるのを見て、悪夢《あくむ》に襲われるようになります。夢の中で、リベリアで出会った子どもの亡霊《ぼうれい》が現れるのです。その少年は兵士のようでもあり、ただの子どものようでもありました。突然、鼻から血がふきだすと、少年は地面に倒れこみます。ところが、その顔は安らかでとても美しいのです。どこからともなくブルドーザーがあらわれて少年の亡骸《なきがら》を運んでいき、砂浜に掘られた正方形の深い穴のなかに埋めていきます。人間の形をした肉塊《にくかい》がまるで物でも捨てられるように、いくつも、いくつも穴のなかに無造作《むぞうさ》に重ねられていきます。気がつくと、自分の眼からは涙がぼろぼろこぼれていきます。

「なぜ、この少年は、あんな穏やかな表情をして、こんなふうに死ななければならなかったのか」

それは現実とも夢とも区別がつかない、光景でした。

翌年に、あのイラクでの事件がありました。それで、トラウマが決定的になりました。あるとき、前妻《ぜんさい》とのあいだの一人娘・ゆりちゃん（仮名）とボウリングに行ったときのことです。ピンがボールに当たって倒れる音が爆撃音《ばくげきおん》のように聞こえ、後藤さんは顔面蒼白《そうはく》になって震えてしまい、そこにいられなくなるという出来事が起こりました。典型的《てんけいてき》なＰＴＳＤ症状です。それで後藤さんは前妻につきそわれて、心療内科《しんりょうないか》に診《み》てもらいに行きました。すると、取材先での体験に加えて、さまざまな不安が重なっているのが原因のようだと診断されます。診断書には、多感な高校生の頃に離ればなれになった、実の母親との関係のことも書かれていました。母親が出て行ったあと父親や兄姉《きょうだい》といっしょに育ちましたが、父親は単身赴任《たんしんふにん》で留守《るす》がちでした。それで末っ子だった後藤さんはいつも淋しい思いをしていたといいます。そして社会人になってからも、将来への不安、仕事がうまくいかない不安……それらがずっとついて回りました。

それから、後藤さんは心療内科に通い続け、薬を処方してもらうようになります。すごく落ち込んでしまう時があり、かなりの量の精神安定剤《せいしんあんていざい》を服用《ふくよう》していました。二度目となる離婚《りこん》をしたときなどはひどくふさぎこんでしまい、ときどき娘のゆりちゃんに会うことだけが、唯一《ゆいいつ》心のいやしとなりました。この離婚は後藤さんにとってとてもつらい経験として残ったと言います。

PTSDは「意志の強い人」や「完璧主義《かんぺきしゅぎ》的な性格をもつ人」に起こりがちな病気です。ストレスへの耐性《たいせい》や環境への適応力《てきおうりょく》など個人差《こじんさ》があるとはいえ、仕事ではひと一倍勇敢にふるまってはいても、後藤さんにはどこか精神的にもろいところがあったのかもしれません。もしかしたら、いつも心に傷を抱え、孤独と恐怖に怯《おび》えて生きていたのかもしれません。

あるとき、私と後藤さんが赤坂のカフェで会っていた際のこと、一度、こんなことを彼は口にしました。

「人間に与えられている幸運の量はみな一定だというけれど、自分はこれまでその〝運〟を、もうずいぶんと使い果たしてしまったみたいだ」

――人間に与えられた「運の総量」。

後藤さんは、その「運」の最後の一滴《いってき》、一滴をしぼり切るようにして、自らに課せられた使命を果たそうとしていたように、私には思われます。

もうひとつのイラク・ストーリー

緊張高まるティクリートで、アメリカ兵に銃を突きつけられたとき、ジャーナリストだからといって一歩動きを間違えば敵と勘違《かんちが》いされて撃たれる可能性があることを、後藤さんは実感しました。このとき同行していた通訳がディーナというイラク女性だったことはすでに書きました。実は、このディーナの人生は、後藤さんと出会ったことによって、その後一八〇度転換していくのでした。

ディーナは、後藤さんの取材の手伝いをしたことが理由で、西側のスパイと勘違いされてしまうのです。アメリカによる占領をこころよく思わないイラク人の一派から「殺す」と脅迫《きょうはく》を受け、彼女はその恐怖から毎日家に閉じこもって、泣いて過ごすようになります。

ディーナの家は両親ともに先生という教育者一家でした。彼女自身も小学校の先生で、アル・ハリル小学校の英語教師をしていました。当時、彼女が住んでいたアルシャーブ地区は、米軍とサドル派民兵《みんぺい》が毎日のように衝突《しょうとつ》しているサドルシティに隣接《りんせつ》していて、二〇〇四年の夏ごろからアルシャーブ地区にもその戦闘が拡大してきていました。ディーナはその頃から国を出たいと切望《せつぼう》するようになります。

後藤さんがイラクでディーナに最初に会ったのは、二〇〇三年四月末のことです。彼女が英語の先生をしていた学校で、知人を介して会ったのが始まりでした。その後、しばらく会うことはなかったのですが、その年の秋、後藤さんがイラクにふたたび取材にやってきたとき、通訳を探していたのが縁《えん》で再会することになります。

通訳の面接《めんせつ》にやってきたディーナは長い丈《たけ》のスカートをはいた奥《おく》ゆかしい未婚《みこん》女性でした。その場で、後藤さんはディーナに取材に同行してくれるよう頼みました。実戦《じっせん》で、彼女の英語力をテストしたかったのです。

ディーナは英語教師をしていたので英語はさすがに上手で、申し分ありませんでした。ですが、外国人ジャーナリストの取材につきあうのはそれが初めてです。インタビューのタイミングがどうもうまく合いません。イラクで女性の通訳を連れているのはとても目立ちますし、ふだんは学校があって彼女を一日中取材につき合わせるわけにもいきません。このような理由から、ディーナを通訳として使うのはしばらく様子を見てからにしようと、このときは思います。

翌日、学校が終わったあともう一度、後藤さんはディーナに取材につきあってもらいました。そのときディーナは、前日の後藤さんのすすめでロングスカートではなくズボンをはいてきました。それを見て後藤さんは、彼女が現実主義的な考え方の持ち主で、頭もよく、合理的にものごとを判断する能力があると考えました。通訳にも慣れてきたのか、昨日よりもリズムもよくなっていました。とくに同じアラブ人同士の女性相手のインタビューでは、双方《そうほう》気をゆるすのでとても話しやすそうにしていました。次の日、後藤さんはディーナを正式に通訳として雇《やと》うことにしました。

こうしてディーナは後藤さんたちのチームに入りました。そして学校の休みの時期には、バグダッドを離れて遠くの町まで、泊《と》まりがけの取材にも同行するようになります。

一方、ディーナが先生をしていたアル・ハリル小学校には、「日本人カメラマンと仕事をするな」という脅迫電話がかかってきていました。ほんとうにそんな脅迫電話があったのかどうかは関係者から聞いただけでわかりませんでしたが、ディーナも後藤さんもそのことをたいそう気にするようになります。というのも五ヵ月ほど前に、地元のある医者が新聞のインタビューを受け、その際、写真が少し出ただけだったのですが、そのあとすぐ、「殺す」という脅迫状を受けとっていたからです。

その当時のイラクは治安も悪く、テロなどによって日常的に生活が脅《おびや》かされるようになってきていました。そして、ひとびとはとても神経質になっていました。戦争が終わって半年経っていましたが、ひとびとは周囲の眼《め》を気にし、告《つ》げ口《ぐち》に敏感《びんかん》になり、口も開かなくなってしまっていました。

そんなある日の午後、ディーナは取材から帰る車の中で嘔吐《おうと》してしまいます。米軍の検問所を通る時、見張りをしていたアメリカ兵が突然かたわらの草むらに向かって銃弾を撃ち込んだからです。すぐそばで銃声を聞いてディーナは恐怖に堪《た》えられなくなってしまったのです。検問所では米兵をねらった襲撃事件が頻発《ひんぱつ》していました。

ディーナには若い頃、突然銃で撃たれてケガをした経験がありました。そのトラウマ＝〈心的外傷〉が大人になってからも癒《い》えず、銃声や爆発音を聞くと激しく嘔吐し、卒倒《そっとう》してしまうのでした。後藤さんの取材チームに加わってから教師らしい毅然《きぜん》とした態度で淡々《たんたん》と通訳をこなしていたディーナでしたが、元はふつうの小学校の先生です。ずいぶんと無理をしていたに違いありません。

サダム・フセイン時代の言論統制《げんろんとうせい》と圧政《あっせい》が解かれ、アメリカとの戦争も収まったとはいえ、その後も米軍の施設や警察署をねらった爆破事件は後を絶ちませんでした。そこでは米兵だけでなくイラク人も多く犠牲になりました。その遺族《いぞく》らにインタビューするたび、ディーナは占領下のイラクで再び流されるたくさんの血や、家族を失った同胞《どうほう》たちの悲しみに涙を流しました。

二〇〇四年に入り、日本政府はイラク南部の都市サマワに「人道復興支援」のため、初めて陸《りく》上自衛隊《じょうじえいたい》などのチームを派遣しました。先遣隊《せんけんたい》がサマワに到着するのと同時に、後藤さんたち取材班もまたサマワ入りしました。もちろんディーナもいっしょです。サマワで後藤さんたちは自衛隊の活動ぶりや、町、それにひとびとの様子を撮影していきました。

自衛隊の取材に来ている日本や外国をあわせた報道陣の数はおびただしいものでした。イラク人のドライバーや通訳を入れると一〇〇人以上はいました。ディーナはその一〇〇人以上集まってきている取材スタッフの中で、唯一のイラク女性でした。

次の日、後藤さんたちはサマワ郊外《こうがい》の農村を撮影しに行きました。村のはずれまで行くと、教室の壁《かべ》ははがれ落ち、窓《まど》ガラスは割れ、床《ゆか》は地面がむきだしになった学校がありました。それでもそこで勉強している生徒たちは実に素朴《そぼく》で、チャーミングでした。きらきらとした瞳《ひとみ》でみんな授業を受けています。学校に戻ってきた子どもたちの、将来に対する希望や期待感がそこには輝いていました。それはディーナにとっても、イラクの明るい未来を象徴する光景に思われました。そんな戦後復興の明るい兆しも見え始めていたイラクでしたが、一方では、国内の治安は目に見えて悪くなってきていました。

後藤さんが帰国したあとの六月半ばのある日、ディーナのもとに一通の脅迫メッセージが届きました。携帯電話に送られてきたショート・メッセージには、「お前を殺す」とありました。それからおよそ二週間のあいだ、一日に少なくとも一回は同じメッセージを着信するようになります。

七月に入ってからはメールではなく、直接《ちょくせつ》、男性の声で電話がかかってくるようになりました。毎回違うその声の主は、「お前は占領軍の手先だ。だからお前を殺す」と言って、電話を切りました。またあるときは彼女の自宅の入り口のドアに、〝不信心者《ふしんじんもの》〟と書かれた落書き《らくが》きを見つけることもありました。

決定的だったのは、ディーナと同じように通訳の仕事をしていた大学時代の親友《しんゆう》が、ある日、自動車を運転中、何者かに狙撃《そげき》されて亡《な》くなったことでした。彼女もまた、ディーナが受信したのと同じような脅迫メールをずっと受け取っていました。彼女は米軍で通訳として働いていましたが、給料《きゅうりょう》は一般のイラク人の十倍近い額《がく》をもらっていました。それをねたんだ者たちの犯行だったかもしれませんし、あるいはまた、反米グループの仕業《しわざ》だったかもしれません。しかし、犯人は最後まで判《わか》らずじまいでした。いずれにせよそのことでディーナは、脅迫の内容がただのおどしだけではないということを痛感《つうかん》しました。

八月になると、さらに黄色い封筒に入った脅迫状《きょうはくじょう》が、ディーナの自宅の庭に投げ込まれる出来事が数回起きました。また家の扉《とびら》には〝スパイは殺す〟という文字が書き付けられていました。そして十月には、表《おもて》に〝お前は死ぬ〟と書かれ、中には今度はメモではなく銃弾が入った封筒も見つかりました。ディーナが以前、後藤さんの取材の手伝いでインタビューした、スンニ派の反米武装組織の連中が、「占領軍に加担《かたん》するものはたとえイラク人であっても殺す」と明言《めいげん》していたのを彼女はこのとき思い出し、震《ふる》え上《あ》がりました。そして十月末、ディーナはついにイラクからの脱出を決意します。

その同じ年のちょうど十月終わり頃、ある日本人青年がイラク・サマワでイスラーム過激派勢力に拘束されたのち、殺害されました。この事件は、日本全土にも大きな衝撃をもたらしましたが、同日の朝、ディーナは末の弟といっしょに、仲間のファディが用意した車でバグダッドを出発しました。陸路を十時間かけて隣国ヨルダンの首都・アンマンまで行くと、そこで彼女たちはファディの妹の家族のもとに一時、匿《かくま》ってもらいます。

それから一ヵ月間あまりは、アンマンのスイス領事館《りょうじかん》に移民申請《いみんしんせい》をしに行くなどしますが、うまく行きませんでした。結局、ヨーロッパの国のなかでは難民や政治的亡命者《ぼうめいしゃ》の受け入れに積極的なスウェーデンへ行く決心を固め、そのため、七〇〇〇ドルもする偽造《ぎぞう》パスポートを手に入れます。先に欧州に渡った亡命イラク人たちが、金を稼《かせ》ぐ目的で自分のパスポートを闇市場《やみしじょう》に売りさばいているのを、知っていたのです。当時のイラクではそれしかヨーロッパに渡る方法はありませんでした。

それからそのパスポートを使って、アンマンのスウェーデン領事館で滞在許可証《たいざいきょかしょう》を発行してもらいました。そして十二月二日、ヨルダンからひとりエールフランス機に乗り、ディーナはついにヨーロッパへと亡命します。行き先はパリ経由《けいゆ》ストックホルムでした。

ところがトランジットのため途中下車したパリの入国審査《にゅうこくしんさ》で、偽造パスポートを使って渡航してきたのが発覚《はっかく》してしまいます。その結果ディーナは、フランスの入国管理事務所に一時身柄《みがら》を拘留《こうりゅう》されることになりました。

乗り継ぎのためにパリのシャルル・ドゴール空港に降り立ったのはよかったのですが、ディーナがパスポート・コントロールをぬけようとしたところで、入国審査官がパスポートの写真が貼《は》りかえられていることを見破ってしまったのです。入国管理の女性が不審な顔をして、「このパスポートはだれか他人の物じゃない？」というのを聞いて、ディーナは動揺《どうよう》してしまいます。しかしイラクに強制送還《きょうせいそうかん》させられることだけはいやだったので、彼女は、「これは正真正銘《しょうしんしょうめい》、私のパスポートです」と言い張りました。しかし係官《かかりかん》には信じてもらえず、空港警察が呼ばれディーナは連行されていきました。

それから四日間は空港内の不法入国者《ふほうにゅうこくしゃ》の一時滞在施設で寝泊《ねとま》りすることとなります。ディーナはその施設内の公衆電話を使って、バグダッドのファディのもとに連絡を入れ、助けを求めました。

このとき日本にいた後藤さんはファディから連絡を受け、ことの一部始終を聞かされます。そのあと後藤さんは、パリにいるディーナに何度も連絡を試みます。自分の助手として数ヵ月働いたディーナが、そのことで同国人から脅迫されるようになり、国を出るはめになったのです。後藤さんはディーナに対して責任を感じました。

ところがファディからもらった電話番号に後藤さんがいくら電話をかけても、いっこうにつながりません。それもそのはずでした、その番号は空港の一時滞在施設内の公衆《こうしゅう》電話の番号だったのです。時間を決めてそのキャビンの前で待っていない限り、ディーナは受話器《じゅわき》を取ることができなかったのです。

結局、ディーナは自力で警察に頼んで、空港内のＩＣＲＣ＝〈赤十字国際委員会〉の事務所に連れて行ってもらいます。そこで、自分はイラクから逃げ出してきて、亡命を希望しているということを正直に告げます。赤十字国際委員会は、戦争や武力紛争の犠牲を強いられたひとびとに対して人道的保護と支援を行なう、公平にして中立、かつ独立した機関でした。本部はスイスのジュネーブにあり、約九十ヵ国で一万三〇〇〇人以上の職員が活動していました。

ＩＣＲＣの職員から"Asylum seekers"すなわち「亡命希望者」としてのガイダンスを受けたディーナは、翌日、パリの簡易裁判所《かんいさいばんしょ》に護送《ごそう》され、三十分ほどの審理《しんり》の末、正式に亡命希望者として認定されます。その結果、彼女はフランスでの滞在が許可されました。

偽造パスポートを使ったのは確かに違法《いほう》でしたが、自分の身元《みもと》を明かし、脅迫を受けて国を脱出してきたこと、自分は戦争難民であることなどを話すと、そこは寛容《かんよう》の国フランスです。あっという間に手続きが完了しました。明くる朝には不法入国者の施設からも出してもらえ、パリ市内にある、ある修道院《しゅうどういん》が運営するホームレスのための施設に入居《にゅうきょ》することになりました。

それでもディーナにはお金も、身寄りも、仕事もありませんでした。イラクにいるときは学歴も収入《しゅうにゅう》もあり、みんなの尊敬《そんけい》を集めていた彼女が、見知らぬ西洋、しかも言葉も通じない初めての国で“Asylum seekers”となって、ホームレスの施設に収容されていることは、ディーナにとってはとても心細いものでした。

とはいえ、彼女は幸運にも恵まれていました。まずは「亡命希望者」として認知《にんち》され、ひとまずこの国に暮らしていくことが許されました。その上、フランスには彼女たちのような亡命希望者や難民を受け入れ、支援する国のシステムやNGOも多く存在していました。もはや命を狙われる不安からは解放され、危険なイラクを離れて安全な国でふつうの生活を望めるだけでも、ディーナにとっては幸せなことでした。彼女は今、目の前に開けている地平《ちへい》を、ただ黙々《もくもく》と歩いていくことだけを考えていました。

——その年のクリスマス、後藤さんはアフリカに撮影に行く途中、ディーナに会いにパリに立ち寄りました。すきま風が吹き込むカフェの一角《いっかく》で後藤さんはディーナに再会しました。そのとき彼女がたった六ユーロほどしか持ち金がないことに後藤さんは同情しました。できることなら、なんとか彼女をその状態から救ってあげたいと考えました。

ディーナは、これまでの悪戦苦闘《あくせんくとう》の数々を後藤さんに話して聞かせました。その頃彼女は、パリ市内レプブリック広場近くのホームレス用シェルターに滞在していました。家族や友人、住み慣れた土地、そして国籍《こくせき》までも捨てたディーナでしたが、新しい人生に一歩踏み出そうとしている彼女は明るく、元気そうに見えました。寂《さび》しさや不安より、安心で安全な明日を生きて行く希望に光が射《さ》している様子でした。そんなディーナに後藤さんは、当面《とうめん》必要となるお金や、イラクに残してきた家族と連絡を取るための携帯電話をプレゼントします。

その夕方、ホテルに戻った後藤さんは、早速《さっそく》ディーナに電話をしてみました。すると彼女は今、新しい身分証明証《みぶんしょうめいしょう》を発行《はっこう》してもらうために、警察に来ているということでした。「こんな時刻に？」といぶかしく思った後藤さんが事情を問いただすと、明日午前九時に警察署の窓口が開くのを待って、今夜はその警察署の前で夜を明かすつもりだったと判《わか》ります。フランスでは移民申請をする外国人が大勢列を作って、毎日警察署の前に並ぶ姿が知られていました。それにしても、「この寒さのなかで！」と後藤さんは思いました。ここ数日のパリの気温は零度《れいど》を下回っていて、夜間《やかん》の冷え込みは尋常《じんじょう》ではなかったからです。

しかし後藤さんは、このことを知ってしまった以上、自分だけがぬくぬくとしたホテルの部屋で一夜を過ごすことに、良心がとがめました。それ以上に、彼女がフランスに来てひとり自立していくために格闘《かくとう》している姿を自分の目に焼きつけておきたいと思いました。後藤さんはホテルを出て、ディーナのもとに赴《おもむ》く決心をします。

外は夕闇が迫っていて、道路の水たまりはもう凍りついていました。後藤さんが警察署の前にたどりつくと、そこにはたくさんの外国人が地面に段《ダン》ボール箱を並べて、そのなかで身体を覆《おお》い包むようにしていました。しかし、ディーナの姿はありません。携帯電話をポケットから取り出すと後藤さんはディーナの番号にかけてみました。一、二度着信音が鳴ったあと、とつぜん段ボールのひとつから電話を手にしたディーナがぬうっと顔をのぞかせました。後藤さんの姿を見つけたディーナは、一瞬驚くような表情をします。

段ボールでできた急場しのぎのテントの中では、たくさんの男女が毛布にくるまったり、身体を寄せ合ったりして、寒さを耐《た》え忍《しの》んでいました。三十分もそこに立っていれば凍えてしまいそうなくらいな厳しい冷え込みの野外で、これから明日の朝まで野宿《のじゅく》をするというディーナを、後藤さんは心底不憫《しんそこふびん》に思いました。

段ボールのトンネルからのそのそと這《は》い出《だ》してきたディーナは、後藤さんのもとにかけよると、「大丈夫。心配ないって言ったでしょ」と笑って見せました。それから「明日になれば、何もかもがうまくいくから、ホテルに戻ってちょうだい」と言って、またもといた段ボールの方に戻って行きました。

後藤さんは、そんなディーナの気丈《きじょう》さを目の当たりにして、驚きとも羨望《せんぼう》ともつかない、複雑《ふくざつ》な心境《しんきょう》になりました。

二日後、ディーナと別れてパリを発つ前日の夜でした。街角《まちかど》の教会の前で炊《た》き出《だ》しが行なわれていました。住むところを持たないホームレスの人たちのためです。寒風《かんぷう》のふきすさぶ中、白い湯気《ゆげ》を立てて、かがむようにして皆スープをすすっています。セネガル、ナイジェリア、ガーナ、モルドバ、中国、モンゴルなどから来ている、ほとんどが不法移民《ふほういみん》たちです。
運命に翻弄《ほんろう》されるように、祖国をあとにしてヨーロッパに渡ってきたディーナ。スウェーデンではなくフランスで難民申請をすることになったそのディーナの未来に、後藤さんは思いをはせました。そして彼らホームレスの列にディーナが並ぶことのないよう、後藤さんは強く祈りました。

私がディーナに初めて会ったのは、彼女がパリに来てからおよそ四ヵ月経《た》った二〇〇五年三月二十五日のことでした。パリに住んでいる私に後藤さんから、ディーナの様子を見に行ってほしいと依頼があったのです。その頃もまだ、ディーナはパリ市内のシェルターを転々《てんてん》としていました。そうかと思うと、マザー・テレサの団体が運営している駆《か》け込《こ》み寺《でら》のようなところに滞在していることもありました。私が後藤さんから連絡をもらって彼女に会いに行ったときは、マザー・テレサのところでなにかトラブルがあったらしく、在仏《ざいふつ》イギリス人のマダムのアパートに一時的に居候《いそうろう》させてもらっている状態でした。

その日、私は住所をもらったそのアパートにディーナを迎えに行きました。初めて会った彼女は少しやつれて見えましたが、同時にしっかりと大地を踏《ふ》みしめている印象でした。ディーナは、今のマダムのアパートには長く居《お》れないので、どこか別の場所を早急《そうきゅう》に見つける必要があると訴えました。それから二人で、彼女が「Reporters Without Borders（国境なき記者団）」というNGOからリストをもらっていた、ホステルのひとつへ行くことにしました。

その場所に行ってみると、幸い一室だけ、個室《こしつ》シャワー付きの部屋が空いていました。なかを確認してからディーナとも相談の上、一週間そこに寝床《ねどこ》を確保することにします。部屋代は税込みの一日四〇ユーロでした。ディーナは一文無《いちもんな》しだったので、そのときは私が十日間分の宿泊《しゅくはく》代《だい》四〇〇ユーロを立《た》て替《か》えました。それに加えて、おこづかいにもう一〇〇ユーロをディーナに手渡しました。

あとになって、それらはすべて後藤さんから返済《へんさい》してもらいました。それればかりか後藤さんはそのあともずっと、ディーナに生活費ほかを定期的に日本から仕送《しおく》りしていました。他人の置かれている状況に関して後藤さんは決して無関心ではいられないひとだったのです。自分は借金をしてでも、ディーナを経済的に支えてあげたいと思っていたようです。

さて、四月になってディーナは、今度は私が見つけてきた、パリの十五区にある「亡命ジャーナリストの家」という所に移りました。ここはほかの施設に比べて格段《かくだん》に受け入れ態勢《たいせい》が整っていて、食費や滞在費も無料《むりょう》でした。さらに、生きていく上で欠かせないフランス語のレッスンや職業訓練《しょくぎょうくんれん》なども、ただで受けさせてもらえる環境が整っていました。わずかですが、おこづかいさえ支給されました。

なぜこれほどまで手厚い保護《ほご》をしているのかは、そこに行ってみてすぐ分かりました。この「亡命ジャーナリストの家」には、自国での圧政や迫害を逃れてきた「報道難民」たちが、世界中から集《つど》っていました。ディーナ自身はジャーナリストではありませんでしたが、後藤さんの仕事を手伝っていたことで報道の仕事に携《たずさ》わっていたと認められたのです。

二〇〇二年に、報道の独立性と言論の自由を守るため、二人のフランス人ジャーナリストによって創設《そうせつ》されたこの団体は、一般や公的機関からの寄付《きふ》や援助によって運営されていました。設立以来現在までに三〇〇人以上の報道人を受け入れています。私たちがこの場所を訪れた二〇〇五年は、まだ多くの入所者もおらず、宿泊施設も新設されたばかりの頃でした。

ディーナはここに移ってからとても明るくほがらかになりました。かなり希望を取り戻した様子でした。フランスに腰《こし》をすえるのを覚悟《かくご》したかのように、「まずは言葉をマスターするところから」と張り切っていました。

ディーナはこの「亡命ジャーナリストの家」に数ヵ月間滞在することになります。そのあいだ、スタッフはディーナに労働許可証《ろうどうきょかしょう》や国の生活保護《せいかつほご》の申請から、公共住宅の斡旋《あっせん》まですべてを支援してくれました。こうしてディーナはやっとフランスでのまともな生活を手に入れることができたのです。

――それから数年経《た》って、ディーナは結婚し二人の子どもをフランスで産みました。彼女は現在もパリ近郊の閑静《かんせい》な町で、学校の先生をしながら、子ども二人を育て幸せに暮らしています。フランス語も流暢《りゅうちょう》に話せるようになっています。

イラクに残してきたディーナの母親や兄弟たちも、その後、ほとんどが国外に退避《たいひ》しました。今では彼らはスウェーデンとフランスに分かれて住んでいます。ディーナの母親はストックホルム郊外に、そして彼女の弟はパリ近郊に住んでいて、お互いによく行き来をしています。弟の方は後藤さんがシリアに通いだした二〇一三年頃までイラクに住んでいました。そして、ディーナに変わって後藤さんのシリア取材をときおり手伝っていました。

後藤さんは、フランスに根を下ろしたディーナたちのもとを、パリに来るたびによく訪ねました。そんな後藤さんにディーナは決して感謝の気持ちを忘れず、「フランスに来てもし最初、健二の援助がなかったなら、女性独りで、決して今日まで生き延びてはこられなかったでしょう」と語っています。

一方、後藤さんのイラクでの仕事は、二〇〇五年一月のバグダッドでの国民議会選挙《こくみんぎかいせんきょ》の取材が最後になりました。イラクにはそれ以後、イラク北部のクルド人自治区の主都・アルビルをのぞいては、二度と行くことはありませんでした。後藤さんはディーナがパリに移住してからもイラクに行こうとして入国ビザを二度ほど取得しましたが、結局、行くことはありませんでした。後藤さんの心の中では最後までバグダッドにもう一度行きたいという気持ちが強かったに違いありません。それは、後藤さんがジャーナリストを志《こころざ》したルーツがそこにあったからだと思います。しかし、二〇〇五年の国民議会選挙で、後藤さんはイラクでの取材にピリオドを打ちました。イラク再訪という後藤さんの永年《ながねん》の夢は、結局叶《かな》えられることはありませんでした。

あれから十年、イラクは大きく変容しました。駐留《ちゅうりゅう》イラク米軍は二〇一〇年八月に五万人規模に縮小され、二〇一一年十二月にすべての部隊が撤収《てっしゅう》を完了しました。ところが、国内ではテロが今も絶えず、首都バグダッドは物々《ものもの》しい警備《けいび》に包まれています。二〇一四年以降、イラク北部・西部の多くの都市がＩＳをはじめとする武装勢力によって一時占拠《せんきょ》されました。現在もイラク正規軍・治安部隊とのあいだで戦闘が継続しています。首都バグダッドから六〇キロ北に位置するティクリートは、二〇一五年、イラク国軍がＩＳから奪回した最初の都市となりました。二〇一六年十月以降は、ティクリートの北に位置し、最後までＩＳの支配下にある唯一の都市となったイラク第二の都市モスルを、奪還《だっかん》するための作戦が行なわれています。

第5章　ジャーナリズムの意義

職業ジャーナリストの担《にな》う役割

第1章でも少し書きましたが、ニュース報道というものの原点《げんてん》に返るとするなら、事件が発生したときにだれよりも早く対応できるかどうかが、その報道機関の真価《しんか》を問うことになります。BBCやCNNが海外で発生した事件・事故の第一報を打つのは、彼らのネットワークと資金力などからして当然と言えます。しかし、それが日本人にとって関心の高い出来事であれば、日本のメディアの出先機関《でさききかん》としてどこが最速で日本語の一報をだせるか、そこが勝負となってきます。そして、映像メディアである以上、まず現場の映像をどこよりも早く入手しないといけません。

フリーランスであるなしにかかわらず、テレビ局のスタッフがそのための方策——素材伝送経路の確保（SNG車か、ビデオフォン＋衛星電話か、あるいはインターネットによる蓄積《ちくせき》伝送か）や、人員、撮影機材の調達《ちょうたつ》などを速《すみ》やかに行なう態勢——を、日ごろから視野に入れていることは以前触れたとおりです。しかし近年、テレビ局のこの前線取材の現場が大きく様変わりしてきています。

たいていの場合、海外で発生した紛争や事故では、機動力《きどうりょく》で勝《まさ》る地元の放送局のクルーが先に現地入りします。ところがスマートフォンなどが発達した二十一世紀の今日では、その現場にたまたま居合《いあ》わせた市民が携帯電話などで目撃映像を撮り、その場でインターネットにアップロードする、ということが日常茶飯事《にちじょうさはんじ》となりました。「市民ジャーナリスト」と呼ばれるこれらのひとびとが撮影した画像が、大手のテレビ局によって利用される機会が、昨今では格段に増えてきています。そうなると、現場の今＝「生《なま》」の映像は、市民の中のそれら協力者から手に入れたほうがてっとり早いのでは、ということになります。これは、これまでのマスメディアのあり方を根本から覆すほどの、業界《ぎょうかい》の地殻変動《ちかくへんどう》です。プロのジャーナリストはもう要らないのではないか、という議論にもつながってきます。

それにもかかわらず大手のメディアが間髪《かんぱつ》をいれず自社のジャーナリストを現場に送り込むこ

とにこだわるのには理由があります。テレビ局がわざわざ人材や経費を使ってまで特派員を向かわせるのは、なにも即時性《そくじせい》だけが目当《めあ》てではありません。速報合戦では地元のメディアやSNSに負けても、信頼のおけるジャーナリストによる現場の緊迫感ある映像や紛争地からのナマのレポートこそがニュース報道の醍醐味《だいごみ》だからです。経験あるジャーナリストが惨状《さんじょう》をその眼でしっかり目撃して、それらを、責任感をもって伝えるところにこそ、本来のジャーナリズムの重要性があります。

そこに通底《つうてい》しているのは、「現場に行ってみないことには、正直そこでいったいなにが起こっているかが判断できない」という、単純な論理です。つまりプロのジャーナリストにふさわしい価値とその必要性というのは、インターネットやSNS上の情報とは精度《せいど》も分析力も違うところにあります。それに加え、市民ジャーナリストの撮った画像などには必ずしも出所《しゅっしょ》がはっきりしていないものもあります。報道は信憑性《しんぴょうせい》こそが命です。たしかに動画サイトなどには迫力もあり訴える力も強い映像が多数流れています。それでも真実を追究するプロの調査報道《ちょうさほうどう》の優位性という地位は、少しもゆらぐものではありません。

このように年々複雑になってくる報道ジャーナリズムの世界で、今を生き抜くジャーナリストとして心得ておくべき肝心《かんじん》なことがいくつかあります。ひとつは自分の「取材に責任を持つ」ことです。もうひとつはつねに「批判的精神《ひはんてきせいしん》」を持つことです。以上のふたつは最低限プロのジャーナリストが持ち合わせていなければならない〈掟《おきて》〉のようなものです。

「取材に責任を持つ」というのは、自分が取材して得た情報をどういう方法で、だれに向かって発信するかをよく考えなければいけないということです。そのときに一番重要なことは、自分がどの〈立ち位置〉にいるか、ということです。後藤さんの場合がそうであったように、良心的なジャーナリストは一般的に弱者である市民の側に立って、彼らの心情に寄り添った報道に努めるものです。もちろん市民に寄り添う姿勢と、「戦争は悪」だという問題意識を常日《つねひ》ごろからもつことは重要ですが、同時に、事実は事実として、客観的に伝える責任もあります。そのために必要になってくるのが二番目の「批判的精神」です。

「批判的精神」とは、物事をまず疑ってかかることです。ひとの言うことやひとが書いたものをそのまま「鵜呑《うの》み」にするのではなく、実際はどうなっているのかとつねに自問自答してみることです。

たとえば二十一世紀に入ってからのテレビ報道の制作現場では、さきほど書いた通り、戦時下に暮らしている一般市民とソーシャルメディアを通じて連絡を取り、市民ジャーナリストとして現地からレポートしてもらうケースが増えてきています。これは紛争地に危険が多すぎて外国人ジャーナリストが入りづらい場合はとくに有効《ゆうこう》な手段です。ところが現代では市民ジャーナリストだけでなく戦争の加害者《かがいしゃ》や当事者《とうじしゃ》などあらゆる勢力が、動画投稿サイトなどの映像メディアを駆使《くし》し世界に情報発信しています。ですからその情報がどのような「視点《してん》」＝〈立ち位置〉から発信されているかを知ることはとても大切なのです。

一方、昨今のニュース報道では、客観性を重視し、ビッグデータを駆使したニュース解説・報道にも力を入れています。新聞や雑誌の記事、それにブログなどもデータベースをフル活用し、時間をかけて編集された調査分析報道が生命線です。けれどもツイッターに投稿されるようなみじかい文の羅列《られつ》、拡散は、どちらかというと対話《たいわ》により近い、人間同士のコミュニケーションの代替品《だいたいひん》のようなものです。したがって、その相手がどんな人間で、どんな立場から情報を発信しているかを、フォロワーたちはあらかじめ知りたがります。それと同じで、現地からの匿名《とくめい》の情報が片寄《かたよ》っていないか、どちらか一方にだけ都合のいいように事実がねじ曲《ま》げられていないかを、私たちは相手の表情を探り、声のトーンを聞き分けるようにして、細心《さいしん》の注意をはらってチェックすることが肝要《かんよう》です。

このように見てくると、職業ジャーナリストという存在について、ここであらためて考えてみる必要性が出てきます。誤解を承知でその存在意義をひとことで表すなら、それは私たちがあなたの正しい「目」となり「耳」となれる可能性です。また、遠く離れた地域で暮らしている名もなき人たちの「声」に、私たちがなれるかどうかです。

あなたが日本にいることで見たり聞いたりすることができない出来事を、私たちは目撃し、映像と音声で記録してきます。とくに日本人である私たちが日本人の感性で見聞きしてきたことを、日本語であなたに伝えるのはとても値打《ねう》ちのあることです。なぜなら私たち同じ文化や伝統をもった国民にしか共感できない、理解できない事柄もあるからです。

現実の世界は多様性に満ちています。この地球上に住んでいるのは私たちのようなアジア人だけでなく、アラブ人もアフリカ人もアメリカ人もラテン人もいます。白人もいれば黒人もいますし、イスラーム教徒もいればキリスト教徒も、そして仏教徒やユダヤ教徒もいます。それら違う人種や宗教のひとびとのことをよりよく理解するための、私たちは「目」や「耳」になり、彼らの「声」になりたいのです。遠い中東で起こっていることなんて日本には関係のない話だというかもしれません。しかし、ジャーナリストがいるからこそ、その事件が日本という遠い国まで伝わり、みんなが関心を払うようになるのです。

「無関心《むかんしん》」でいることは世界の平和にとって一番危険なことです。戦争を例にとった場合、国家の「暴力行為」はかならず隠蔽《いんぺい》されます。拷問《ごうもん》や処刑《しょけい》、虐殺《ぎゃくさつ》や弾圧《だんあつ》——それら被害者・当事者たちの代理人としてジャーナリストは記録し、告発《こくはつ》しなければなりません。それら戦争の犠牲者と、国際社会との中間に立つのがジャーナリストの役目です。

日本人の興味や関心に訴えるには日本人ジャーナリストとしての切り口や分析が必要な場合もある、と書きました。しかしそれは「日本に関係ないことは取り上げない」という意味ではありません。ジャーナリストは、戦地に入りそれがどんなことであれ、その「非日常の世界」で起こっていることを身をもって実感し、自らの体験として日本の視聴者《しちょうしゃ》にリポートする義務があります。それによって、つまり視聴者の五感になることによって、だれもがそのことを自分の痛みのように追体験《ついたいけん》でき、そこに生きるひとびとに感情移入《いにゅう》できるようになるからです。これはロイターやAPといった外国通信社から買うことのできる配信映像だけでは決してなしえない、日本人ジャーナリストが日本人という立場で伝えるときのメリットのひとつです。

それから、映像ジャーナリストという仕事は長くやっているから良い映像が撮れるという職《しょく》種《しゅ》ではないと私は思っています。この仕事は、持って生まれた個性とたゆまず磨《みが》いていく感性、それに年々積み重ねていく技術が加わり、それプラス、千載一遇《せんざいいちぐう》の瞬間に巡り会わせることで、はじめて人の心を揺さぶる映像が撮れるのだと思います。

このことを肝《きも》に銘《めい》じて、報道に携わるジャーナリストとして、さらに幅広い仕事の機会と経験を積み、見聞《けんぶん》をもっと押し広げていく必要があります。現在の自分を超えるよりプロフェッショナルなジャーナリストとなるためには、自らのモチベーションを高め、精神力（気力）と体力を維持していくことが必須《ひっす》です。とくに戦争報道に携わるフリージャーナリストは度胸《どきょう》や勇敢さだけでは決して長く続きません。

進化論で有名なダーウィンは、『種の起源』のなかでこう書いています。

「勝ち残るのは、強いものでも、大きいものでの、まして智慧《ちえ》あるものでもない。時代を読み変化に対応していけるものだけが生き残れる」

この意味では、私たちは年を経《ふ》るごとに新しいテーマや乗り越えなければならない課題が見つかり、挑戦《ちょうせん》は止《や》むことがありません。それは来《きた》るべき世界で生き残るための、生物の「本能《ほんのう》」でもあるのです。

それでは一般的に「戦争報道の専門家」と呼ばれるようなジャーナリストが、今後担《にな》っていくべき役割とはなんでしょうか。それを解《わか》りやすく言うなら、悲惨な紛争や戦争をできうる限り回避するために、争いの「原因と結果」をペンとカメラとマイクで記録し、世の中に発表していくことにあると私は考えます。

それと同時に、国家や大資本《だいしほん》・権力側《けんりょくがわ》にいる人間がおかす犯罪を監視《かんし》する役目も背負わされています。戦争に加担している政府や国家の利益《りえき》に反する報道をしなければいけない場合の逆《ぎゃく》風《ふう》は、当然たいへんなものです。日本ではメディアが「主張する」とか「闘う」「自己検証する」といった姿勢があまりなく、それがマスメディアにおいて、ジャーナリズムの可能性を見出せなくする最大の理由です。その原因には、日本独特の記者クラブ制度や、本来公共《こうきょう》であるはずの電波がほんの数社の寡占企業《かせんきぎょう》によって独占《どくせん》されていて、業界への新規参入《しんきさんにゅう》が難しいといった裏《うら》事情《じじょう》もあります。それでも、この世界から紛争や戦争がなくなるまで、私たちの〝やりかけの仕事〟は続いていくでしょう。

戦争報道は、「この惨状を世界に伝えなければ」というジャーナリスト魂《だましい》をもったさまざまなジャンルの人たちが、次から次へと現場に出ていくことで、未来の世代にも受け継がれていくのです。仲間の死を生かし、その屍《しかばね》を乗り越えて、事実を記録し続けていくことこそが、志半《こころざしなか》ばにして殉職《じゅんしょく》した友への最大の追悼《ついとう》にもなるからです。

時代のメッセンジャー

放送ジャーナリズムの〈今〉をふり返ってみると、多くの欠点や問題点も見えてきます。特にフリーのジャーナリストに限って言えば、どのような媒体で使用してもらうかが決まっていないうちに現地に飛んでいくケースがままあるということです。彼らは取材先で撮れた映像をもとに、現場からテレビ局に素材の交渉、すなわち売り込みをします。つまりその映像が売れるかどうかは現地に行ってカメラをまわしてみるまでは分からない、ということです。

フリージャーナリストのなかには最初からあるテレビ局などと契約《けいやく》をして、取材映像はかならず買い取ってもらえるよう交渉をしてから出発する人もいます。しかし、これら恵まれたジャーナリストはごく限られています。ほとんどの場合は怪我《けが》を負ったり死の危険が及んだりするリスクを自ら背負って取材に出かけていきます。多くの場合、取材経費《けいひ》なども自分で負担するので、経済的リスクもついて回ります。後藤さんのようにあれだけテレビで活躍《かつやく》していても収支《しゅうし》はつねにカツカツといったことが当たり前です。

それでもごく稀《まれ》にですが、スクープ映像が撮れ、それが大金になることもあります。しかしながら、せっかく苦労して撮影した映像でも、時と場合によってはだれも興味を示してくれない、ということも起こります。取材先からの電話では買い手がつかず、帰国してからあちらこちらのテレビ局に直接出向いて売り歩くといったことも日常茶飯事です。それでも最終的に買い手がつけばいい方で、撮ってきた映像がまったく売れずムダになってしまうといったことも多々あります。

それに加え、取材地域にも得手不得手《えてふえて》が存在します。撮影する内容や取材する対象はジャーナリストの得意な分野にまかされますが、戦争や紛争地での取材には身の危険がつきまといます。逆にそういうリスクがあるからこそ、それらの地域で撮られた映像や写真はとても貴重なものとなる、とも言えます。したがって大手メディアがそれらの素材に興味を示してくれる確率も高くなります。一方で、たとえ命がけで取材を行なったとしても買い取ってもらえる保証が一〇〇%あるわけではないというのが、フリージャーナリストの宿命とも言えるでしょう。

そんな決して安定的とは言えない現代のフリージャーナリストたちは、つねに「命の値段」と「経済性」を秤《はかり》にかけさせられています。たとえば現在、どこかの国で紛争が起きた場合、その紛争地に赴くジャーナリストの多くはフリーの立場の人間です。たしかに、突発的に発生する事件・事故に対してはフットワークの良いフリージャーナリストのほうが身軽《みがる》に対応できるということは、すでに述べました。しかしそれだけではありません。

海外の紛争地域での取材はたいへんな危険と隣り合わせで一歩まちがえば命も落としかねません。したがって社員の安全を考えるあまり、そのような危険地域に自社のジャーナリストを送るのを躊躇《ちゅうちょ》する大組織メディアもあります。音声や映像を使ったリポートを現場からいち早く放送するのがテレビメディアの役割です。にもかかわらず大手メディアに属するジャーナリストのなかには上からの指示を待たなければならなかったり、危険すぎるという理由で自粛命令《じしゅくめいれい》が出たりして、なかなか迅速《じんそく》に対応できないケースがあります。実際、会社組織に所属する人間には、行動にさまざまな制約がつくという、抗《こう》しがたい「足かせ」がはめられています。そんななか、拘束の多い組織の網《あみ》の目をくぐりぬけて仕事を任されるのが、制限のないフリージャーナリストともいえます。

しかしながら、それでは、「フリーランスのジャーナリストが命を落とすことは問題にならないのか?」という声もあがりそうです。つまり先ほど言った、「命の値段」と「経済性」のバランスの問題です。大手メディアとフリージャーナリストのこうした関係を両者にメリットをもたらすものと見るか、経済格差と強迫観念《きょうはくかんねん》による「主従《しゅじゅう》」の関係とみなすかは、議論の余地が残る点でしょう。ただ、現在の国際報道のビジネスモデルの一部が、死と隣り合わせという危険もかえりみず、自腹《じばら》で前線に飛び込んでいくフリーランサーに依存しているという現実は、一度立ち止まって考えてみる必要があると思います。そもそもフリーの映像ジャーナリストという職業が日本では収益性《しゅうえきせい》のある商売として成り立っていないという、マスコミ業界全体の構造的問題《こうぞうてきもんだい》もあるように、私には思われます。

一方、前線と市井《しせい》のひとびとの生活圏が入り交じり、重なり合うようになってきた内戦後のシリアのような危険地帯の報道では、フリーの立場の人間の撮ってくる映像ぬきには、もはやニュース番組は作れなくなってきています。そして、彼らはもっと前に出る取材を要求されるようになっているのです。本来、フリージャーナリストというのは、一発屋《いっぱつや》ではなく、深い洞察《どうさつ》に基づいた取材を心がけ、長期的に同じテーマを追った報道を継続していくところに、その存在理由がありますところがフリーランサーは、何度も言うようですが、取材した内容や素材を買ってくれるメディアがなければ、そもそも仕事として成立しません。山気《やまけ》がときどき頭をよぎり、短期的な結果を求めるようになるのも、ですから分からなくはありません。

確かに、多くの場合フリージャーナリストの収入は、取ってきた映像の内容の濃《こ》さ――「取《と》れ高《だか》」に左右されます。そしてほとんどの場合、事前の取材経費は自らの持ち出し――「自腹」となります。それに加えて、映像取材にはスティル・カメラやビデオ・ムービーなどの高価なプロフェッショナル機材が必要であったり、現地までの旅費《りょひ》、現地での宿泊費や飲食代、ドライバーや通訳を雇う給料、ときには取材を円滑《えんかつ》に進めるための〝わいろ〟なども必要になったりします。そのような理由から、どうしても、「危険を冒《おか》せばもっと特ダネが撮れる。そうすればニュース性も上がり、高く売れるかもしれない」――そう思うようになってしまいます。こうして危険地帯の取材で命をなくす外国人ジャーナリストの数はゼロにはならないのです。

大手メディアの特派員にも必ずしも命の保証があるわけではありません。けれども、彼らは豊富な資金と業務命令による危機管理《ききかんり》、組織的な安全管理体制などによって、リスクを最大限回避しています。たとえば、米軍の死者だけで四〇〇〇人以上もの犠牲者を出したイラク戦争には、NHKなど日本の大手組織メディアがスタッフを現地に派遣していました。しかし彼らの中からはひとりも負傷者を出しませんでした。それは、バグダッド市内のコンクリート壁に囲まれた〝グリーン・ゾーン〟と呼ばれる要塞《ようさい》の内部に特派員拠点《きょてん》を置いていたからです。その中にいる記者やカメラマンは、イラク各地に取材に出るときは部隊に従軍し、装甲車両《そうこうしゃりょう》に保護され出かけて行きました。あるいは現地で雇ったローカル・カメラマンなどに取材の大部分を請《う》け負《お》ってもらい、自分たちはグリーン・ゾーンからは一歩も外に出ませんでした。それでも本国からきた記者と交代するときや、任期を終えて帰国するときなどは、その要塞から出なくてはなりません。そんなときは大金を払って、自分たちで雇った民間警備会社の護衛《ごえい》たちに守られて、空港と町との行き来をしました。

金銭の保証もなく、そして身に危険が降りかかる可能性もあるフリージャーナリストという仕事ですが、それではなぜ私たちはそれほどまでして危ない職場にむかうのでしょう？　ひとそれそれに理由はさまざまで一概《いちがい》には言えませんが、ひとつには、それは私たちの多くが紛争地や戦時下に生きるひとびとのありのままの姿をあなたに伝えたいと願っているからです。

戦場に赴くのは、本当はとても怖いのです。できれば逃げ出したいと思っています。そう思っていても、現場で見る「ナマ」の現実と、編集やコメントを加えられたニュース番組の映像には、やはり温度差があることを否定できません。このわずか零《れい》コンマ何度かの違いを体感するために、私たちは現場に入ります。たとえその違いが映像からだけでは一〇〇%伝わらないとしても、心のなかにある報道人としての「信念」や「使命感」に突き動かされたり、奮い立たせられたりして、私たちは戦場をめざします。紛争や迫害から逃れる難民、親を亡くした孤児や逆境《ぎゃっきょう》に暮らす子どもたち、そこで働くNPOや国際機関の職員、その人たちの〈今〉を多くのひとに見てもらうことこそ、私たちジャーナリストの果たすべき仕事だと考えているのです。

そして、最後に戻ってくる場所はいつも同じです。現地には声を上げたくても上げられないひとが大勢いて、自分たちのことをたくさんの国に伝えてほしいと願っているひとたちが存在します。そのことを決して忘れないようにしたいのです。だからこそ、私たちジャーナリストは危険地帯にまで出かけてゆくのです。

自らのおかれた窮状《きゅうじょう》を聞いて、知ってもらって、「手を差し伸べてもらいたい」と切望しているひとびとの願いをかなえるために、私たちは命がけでその場所を訪れるのです。言いかえれば、それらのひとびとが置かれた過酷《かこく》な境遇《きょうぐう》に目を向け、そこから発せられるメッセージを同時代に生きている私たちは受け取る責務《せきむ》がある、ということです。彼らのメッセージはまさに私たち自身に向けられたものであり、次の世代を担うあなたたちすべてに残さなければならない大切な「人類の記憶」なのです。

世界各地の、戦争や紛争の中でたくましく生きる子どもや女性たちの姿……命の尊さ、生きる歓び、家族の絆の大切さを生涯にわたり映像に撮り続けてきたジャーナリストの後藤健二さんは、まさしくこのメッセンジャーのひとりでした。

これからの時代のジャーナリスト像

私が海外にベースを移してからすでに三〇年が過ぎました。最初は言葉の壁が立ちはだかりましたが、そのなかで一歩一歩、自らの専門分野でキャリアをのばしていくことを念頭にやってきました。しかし月日は流れ、時代は変わりました。グーテンベルクの印刷術が世界を変えたのは今から五〇〇年以上も前の話ですが、現代は映像を含めたマルチメディア環境の激変《げきへん》と広義《こうぎ》のインターネット技術の革新《かくしん》が世界を席巻《せっけん》しつつあります。既存《きぞん》の出版業界や放送業界が吹っ飛んでしまうような大変革です。本書でこれまで書いてきたような、活字メディアだ、放送メディアだ、プロ・カメラマンだ、アマチュア・カメラマンだ、という分類そのものが用をなさなくなります。そんな時代の中で、「ジャーナリズム」は今後どうなっていくのでしょう?

その答えのひとつを示すのが、今、新しい形のメディア・ジャーナリズムとして世界に浸透しつつある、「ソーシャル・インパクト・ジャーナリズム」=〈社会的貢献《こうけん》型報道〉ではないでしょうか。その実例としてあげられるのが、国際報道キャンペーン「インパクト・ジャーナリズムの日」です。

これは、個人や団体の草《くさ》の根《ね》運動にスポットを当てる、世界各国の新聞によるキャンペーンのことです。毎年、同じ日に各紙がそれぞれの課題に立ち向かう社会活動について報じることで、世の中にインパクトを与えることが狙いです。パリに拠点を起き、動画プラットフォームを提供する「スパークニュース」が主催していて、二〇一三年から実施されています。

「インパクト・ジャーナリズムの日」では、貧困《ひんこん》や格差、テロや紛争、環境破壊など、地球が直面するさまざまな課題に対し、斬新《ざんしん》な発想で問題解決に取り組む個人や団体、企業の草の根活動などについて、これまで取り上げてきました。このキャンペーンには、米国の『USAトゥデイ』『ハフィントンポスト』、英国の『サンデータイムズ』、フランスの『フィガロ』『ルモンド』、日本の『朝日新聞』など、世界各国の約五十の新聞やニュースサイトが参加しています。

「ソーシャル・インパクト・ジャーナリズム」には、十九世紀に活躍したプラグマティズムの哲学者であるデューイの思想が反映されているのではないか、と私は考えています。ジャーナリズムはマスメディアの発想を捨て、今後はコミュニティの目標達成にどれだけ貢献できたかで成功を図るべきだというものです。この考え方は、ジャーナリズムの活動を通じた政治社会の変革を目論《もくろ》んだ、九〇年代のパブリック（シビック）・ジャーナリズムや、近年のソリューション・ジャーナリズム、ソーシャル・ジャーナリズムにもつながっています。ジャーナリズムが社会貢献で一定の役割を担うようになると、それが一般にも評価され、寄付金《きふきん》なども集まりやすくなります。「あの記事を読んだからこんなアクションをしました」、「あの映像を見たので自分にもなにかできないかと思いました」というように、ひとびとの実際の行動のきっかけとなるのが理想《りそう》です。これは既存のジャーナリズムではできない試みです。ただし、それは二十一世紀の大きなうねりのなかの、ひとつの波のような現象にすぎません。

二〇〇四年の一時期、後藤さんはこれに近い活動を、中東のヨルダンで主に小児《しょうに》ガンの子どもたちの医療支援に当たる、ある日本のNGOとともにしていたことがあります。その頃、戦争でアメリカが使った「劣化《れっか》ウラン弾」の影響で、隣国イラクでは小児ガンや白血病《はっけつびょう》が多発《たはつ》していました。

劣化ウランというのは、核燃料《かくねんりょう》や核兵器《かくへいき》を製造するために天然《てんねん》ウランを濃縮《のうしゅく》する過程で出る副産物《ふくさんぶつ》です。貫通性《かんつうせい》にすぐれたその劣化ウランを弾頭に用いたミサイルが着弾すると、酸化《さんか》ウランが周囲にとび散り、それが呼吸などによって体内に取り込まれて内部被曝《ないぶひばく》を起こします。酸化ウランは放射線《ほうしゃせん》(アルファ線)を放ち、臓器《ぞうき》などは長期間放射能を浴び続けることになります。

活動を始めた頃、後藤さんはヨルダンで治療を受けるそんな子どもたちを取材し、彼ら、彼女らを日本のテレビに紹介することで、NGOとジャーナリストとの協働関係が築けるのではないかと考えました。つまり、ジャーナリストが最前線で現場の状況を伝えることで、日本のひとたちがNGOの活動を知って支援につなげてゆくという協力関係が出来上がるのではないかと思ったのです。そしてそのことを通して、劣化ウラン弾を廃止《はいし》するよう世界に訴えるつもりでした。

後藤さんが白血病の子どもたちの取材に病院に行くと、戦争のあいだ中、子どもたちは治療から見放されていたことが分かりました。しかも、戦争が終わっても再開された病院には薬が不十分なままでした。数え切れないイラクの子どもたちが白血病や小児ガンで苦しんでいました。そして適切《てきせつ》な医療が施《ほどこ》されないまま見捨てられて、死んでいきました。

その活動中に後藤さんがヨルダンで出会った、イブラヒム・ムハンマドというイラク出身の男性がいました。高校教師としてイエメンで働いていたイブラヒムは、イラク戦争が終結して、地元イラクのバスラという町に戻りました。その頃、妻のマリヤムが妊娠《にんしん》しているのが判りました。ところが同時に、妻が白血病にかかっていることも判明したのです。お腹に子どもがいると抗ガン剤の治療ができません。イブラヒムは、母体の治療《ちりょう》を優先するか、それとも健康な子どもを産ませるか、厳しい選択を迫られました。それでもイブラヒムはなんとかして母子ともに助けてあげたいと考えました。それでマリヤムをヨルダンの救急《きゅうきゅう》ガンセンターへ入院させることに決めます。

それには国連のひとたちが力を合わせてくれました。ヨルダン政府も協力してくれ、最終的にアメリカの俳優ポール・ニューマンがお金を出してくれたのもあって、母親をバグダッドからヨルダンのアンマンに救急車で搬送《はんそう》させることができました。

イラクには超音波検査《ちょうおんぱけんさ》システムがなくて分からなかったのですが、子どもは双子《ふたご》でした。マリヤムは六ヵ月でその子どもを産みました。帝王切開《ていおうせっかい》で生まれた子どもたちは、四〇〇グラムと七〇〇グラムという超未熟児《ちょうみじゅくじ》でした。母親はそのあとすぐに、ヨルダンのキングフセイン・ガンセンターに再入院し、抗《こう》ガン剤《ざい》治療を受け始めます。生まれた子どもたちはそれから無事に生き延びました。

その頃、後藤さんはヨルダンに行って彼らの世話をしていました。そしてイブラヒムたちの日常を記録するため、毎日カメラを回し続けました。イブラヒムとマリヤムにはもうひとり三歳になるファートマという名の子どもがいました。その子は親切なヨルダン婦人が引き取ってときどき面倒をみてくれていました。

しかし、イブラヒムの妻マリヤムの症状はそのあとどんどん悪化《あっか》していきます。病室でイブラヒムはファートマを連れて、彼女のかたわらにずっと付き添《つそ》っていました。呼吸器《こきゅうき》をつけたままベッドに横たわる母親の頬《ほほ》に、ファートマを抱き上げキスをさせてあげます。マリヤムの目からは大粒《おおつぶ》の涙がこぼれました。イブラヒムは毎日必死で妻の介護をしましたが、残念ながら年が明けてから、マリヤムは亡くなりました。

このとき後藤さんは、マリヤムの最期《さいご》の瞬間まで、彼らのそばにいました。その時の映像が残っています。それを見ると、後藤さんは遠い国から来たジャーナリストとしてではなく、イブラヒムたちの家族の一員となってマリヤムの病状を記録していたことが伝わってきます。後藤さんの取材は決して「上から目線」ではなく、取材される側がつねに好感《こうかん》を抱くようなものでした。ジャーナリストというよりも近しい友として接することができる人でした。

イブラヒムはヨルダンには、他に身寄りがおらず頼る人もいませんでした。そんなヨルダンでひとり奥さんの葬式《そうしき》を執《と》り行《おこ》なわなければなりませんでした。それで後藤さんは棺《ひつぎ》を担《かつ》いでいっしょに車に乗せてあげました。最後に、母親を亡くした生まれたばかりの子どもたちとファートマを車まで連れて行き、イブラヒム一家がイラクに帰っていくのを後藤さんは静かに見送りました。凍える月明かりが全身を抱きしめる、寒い夜でした。

「イブラヒム、きみの知り合いの日本の友人は遠い国にいるから、代わってぼくがあなたを助けてあげたいと思う」

そう言って、後藤さんはイブラヒムにお金を渡しました。

戦争では人が殺し合います。家族が殺されれば憎しみは残ります。その憎しみから新たな争いが始まります。争いはテロを生み、そのテロがまた憎しみを増大させます。けれどもイブラヒムはこのとき、後藤さんやヨルダンの人たちの優しさに触《ふ》れました。その優しさが彼の心の中にずっと残りました。

妻を亡くして、三人の子どもを抱《かか》えて困っていたとき、後藤さんをはじめみんなが助け励ましてくれたことを彼は一生忘れませんでした。そうしたひとびとの温かさに接したことが動機《どうき》となって、イブラヒムはイラクに戻ってから人道支援の仕事をするようになります。当時のイラクはどんどん社会が荒廃《こうはい》していくひどい時代でした。けれども彼はまごころを尽《つ》くして、ひとびとのために働きました。

ひとの親切心はひとからひとへと伝わっていきます。そしてめぐりめぐって、世界中のひとの心に届きます。世界を平和にするたったひとつの方法は、その「ひとの善意《ぜんい》」の連鎖《れんさ》しかありません。イブラヒムはそれを実践しました。現在も、彼はバスラの病院で院内《いんない》スクールを開設して、子どもたちに算数やアラビア語、それにお絵描きなどを教える活動をしています。

後藤さんは取材するだけではなくて、被写体《ひしゃたい》にたいしてなにかをしてあげたいといつも願っていました。一般的にジャーナリストは客観性を重視するものです。しかし、後藤さんは取材対象者との心の結びつきや共感力《きょうかんりょく》を大事にしました。それは目の前で取材を受けてくれるひとびとに対する彼の誠実さの表れでもありました。後藤さんはある展示会《てんじかい》のカタログに、こんな風《ふう》に書いています。

「無念《むねん》」と「孤独」に覆い尽くされた
ジャーナリストが見つめた現実の絵巻物《えまきもの》
暗闇《くらやみ》の中の消え入りそうな

しかし、鮮《あざ》やかな希望《きぼう》

この絵巻物を見る事を恐れないで欲しい
そしてあなた自身の物語にこれらの出来事を少し、
描き足して欲しい
僕たちは微力《びりょく》だけれども無力ではないと信じて
「the chord "eyes" official book -2010」より

「ソーシャル・インパクト・ジャーナリズム」は、これからの新しい時代にふさわしいジャーナリズムの進むべき方向性を示唆しています。伝統的なジャーナリストとはちがって積極的に人助けする、新しいタイプのジャーナリストです。戦争の悲惨さを伝えるのと同時に、戦火で傷ついたひとたちの実際の力にもなっていける、それはNGO的なジャーナリズムと言えるでしょう。後藤さんだけではなく、そんな彼の魂《たましい》を受け継いだ社会的貢献型ジャーナリストが、今後大勢《おおぜい》出てくることが待ち望まれます。

第6章 最後の取材

シリアの内戦

二〇一四年九月、アメリカ軍を中心とする有志連合《ゆうしれんごう》がシリア国内のＩＳ（イスラーム国）の拠点に対し空爆を開始しました。その時期を境《さかい》に後藤さんは、ＩＳに支配された地域に暮らすシリアの一般市民たちの被害状況を憂慮《ゆうりょ》し出しました。ＩＳの占領エリアには一〇〇〇万人ともいわれる住民が居住しています。しかし、空爆が始まってからのシリアは、誤爆《ごばく》の状況や実際の被害など、どの国のジャーナリストもちゃんと伝えられずにいました。

シリア人権監視団《じんけんかんしだん》は、有志連合がシリア領内《りょうない》での空爆を開始した二〇一四年九月二十三日から二〇一五年七月二十二日までの十ヵ月間に、三三二一六人が「空爆での犠牲」になったと発表しました。シリアでは二〇一一年以来の内戦で三〇万人以上が死亡、そのうち八万六〇〇〇人以上が民間人《みんかんじん》の犠牲者（うち二万五〇〇〇人超が子どもや女性）です。負傷したのは、すでに二〇〇万人以上と見られていますが、その数は今も増え続けています。また、避難民や難民となったのは全人口のほぼ半数の一一〇〇万人で、そのうち四〇〇万人あまりが国外に逃れています（二〇一五年時点）。国連の報告書には、シリア紛争は第二次世界大戦以来「最大の人道危機」だと書かれています。

このシリアの内戦が始まったきっかけは、北アフリカのチュニジアで二〇一〇年末に起こった民主化《みんしゅか》運動でした。「ジャスミン革命《かくめい》」と呼ばれる反政府運動は、その後アラブ世界に伝播《でんぱ》し、「アラブの春」と呼ばれる一連の大衆抗議《たいしゅうこうぎ》行動に発展しました。若者や知識層《ちしきそう》を中心とする民衆が衛星放送、携帯電話、フェイスブックやツイッターなどを駆使して情報交換し、それは多くの周辺国にまたたくまに波及《はきゅう》していきました。

それによってエジプトでは、約三十年にわたり長期政権を維持してきたムバラク大統領が辞任に追い込まれました。また、武力衝突に発展したリビアでも、カダフィ政権が崩壊《ほうかい》するなどしました。他にも、アルジェリア・イエメン・サウジアラビア・ヨルダンなど多数の中東諸国で反政府デモや抗議活動のあらしが吹き荒れました。こうして、国際情勢は劇的《げきてき》な様相《ようそう》を呈《てい》します。国際紛争を取材するジャーナリストや戦場カメラマンにとっては、それは「一生に一度」というまさに激動の時代でもありました。

アサド大統領が親子二代、四十年以上にわたって独裁政権《どくさいせいけん》をしくシリアでは、二〇一一年四月に大規模な民主化要求運動が発生します。これを機に国内で盛《さか》んにデモが起こるようになると、アサド大統領はますます国民の行動を制限するようになりました。「自由シリア軍」など複数の反政府組織とシリア政府軍との戦闘が本格化し、徹底的な市民の弾圧《だんあつ》も長期化していきます。まもなく政府軍は、国内の至るところに潜伏《せんぷく》する反政府組織を一掃《いっそう》するための空爆を開始します。これによって一般市民にも大きな被害がおよぶようになります。しかし、アサド政権の退陣《たいじん》を条件とする反政府勢力との溝《みぞ》は、関係各国の思惑も入り混じり、いっこうに縮《ちぢ》まりませんでした。シリアではそれ以来現在まで、政府軍と反政府勢力との内戦が泥沼《どろぬま》状態で続いています。

その機に乗じて、シリアとイラクの国境をまたぐようにして誕生したのがイスラーム過激派組織「イスラーム国＝ＩＳ」でした。ＩＳは、スンニ派とシーア派の宗派抗争《しゅうはこうそう》を引き起こしたり、ソーシャルメディアをうまく活用したりして、自分たちの勢力範囲を拡大していきました。アブー・バクル・アル＝バグダーディーを最高指導者とするＩＳは外国語部門を持っていました。

「アル＝ハヤート・メディア・センター（Al-Hayat Media Centre）」というところがあって、かなりの能力を持った相当な人数の外国人がいるとされていました。その中には欧米の出身者で母国では映像制作業務に従事していたプロもいました。英語も達者《たっしゃ》で、CG（コンピューター・グラフィクス）の専門家もいます。彼らはパソコンとスマートフォンとインターネットを使った巧《たく》みなプロパガンダ戦略を操《あやつ》っています。シリアの内戦は映像戦争でもあり、政府側、反政府側、双方とも映像を駆使し、自分たちこそが「正しい」のだと喧伝《けんでん》します。したがって、発信者の思惑《おもわく》の絡《から》む彼らの映像や報告から、その真偽《しんぎ》をはかろうとするのはとても難しいといえます。

イラク戦争当時に比較してみても、シリアの内戦は熾烈《しれつ》を極めました。あまりに激戦地であるがゆえ、シリア行きの取材に対して日本政府は規制を強め、シリアには渡航《とこう》しないようにと勧告《かんこく》を出しました。同様に、フリージャーナリストの事故を恐れて、日本の新聞、テレビなどのマスメディアも、シリア危機を取材した記事や映像の使用をひかえるようになり、自粛《じしゅく》の動きが広まっていきます。このような事情から、大メディアですら、フリージャーナリストが撮ってくる映像は喉《のど》から手が出るほど欲しいにもかかわらず、仕事を表立って頼まなくなりました。それを見て、日本のマスコミはリスクを避《さ》けて公益《こうえき》に資《し》することを放棄《ほうき》したと見るひとたちも現れたほどです。ある意味これは、〝国民の知る権利に寄与する言論の自由〟の危機でした。

空爆が始まってからのシリア領内の市民生活や誤爆の被害状況は、ジャーナリストが行って検証しない限り、その正確な数値を私たちはうかがい知ることができません。ただ実際問題として、ISの敵とみなされていた欧米人が入れば、すぐに捕まって殺害されてしまう危険性がありました。一方で、中東とは歴史的にも地理的にも宗教的にも利害を共有しない日本は、当時、ISのターゲットとされることはないと考えられていました。いわゆる「ジャパン・プレミア」です。そこに、日本人ジャーナリストである自分こそがシリアに行く意味がある、と後藤さんは考えました。それに取材がうまく行けばその素材は高報酬《こうほうしゅう》で買い取ってもらえる可能性もありました。

それまでも九度、後藤さんはシリアのアレッポなどの都市を取材で訪れていました。アレッポは内戦が始まる前まではシリア最大の都市として知られていました。この町の旧市街に残された紀元前十世紀に建てられた城砦《じょうさい》はユネスコ世界遺産《いさん》にもなっていました。二〇一四年、一月下旬から二月上旬にかけても、後藤さんはこの町を取材しています。

その頃のアレッポはシリア内戦で最も破壊された町のひとつとなっていました。政府軍、反政府軍、それにISIS（のちのイスラーム国）と呼ばれるイスラーム過激派グループの三つどもえによる争いが激化《げきか》していました。状況は一年前よりも明らかに悪化していて、支援物資もほとんど入ってきていませんでした。後藤さんが取材した映像には、政府軍のヘリコプターから落とされる、たるの中に火薬やガソリン・金属片《きんぞくへん》を詰めた、通称「たる爆弾」によって地面がえぐられ建物ごと崩壊した、アレッポの市街の様子が映し出されていました。ビルや家屋はズタズタに破壊され、そこに傷ついていない建物を見つける方が難しいくらいでした。無差別《むさべつ》に攻撃が加えられ、市民生活は甚大《じんだい》な被害を受けていました。がれきの中から負傷者を救出するための重機《じゅうき》は不足していて、運良く救出できても、搬送先《はんそうさき》といえばビルの一室の粗末《そまつ》なベッドの上でした。当然、医療器具や医療品も不足しているので満足な治療は行えません。仕方なく、大怪我《おおけが》を負った手や足を切断することによって、かろうじて命を取《と》り留《と》めるのがやっとでした。

「今回は必死でした。爆撃や砲撃の下で生きる——自分の身体がバラバラになって飛び散るのをイメージしたのは初めてのことでした」

ツイッターに後藤さんがこう書き込むほど深刻《しんこく》な状況でした。

一方、シリアのアサド大統領の戦争犯罪や人道に対する罪は罰《ばっ》せられることはありませんでした。シリアでの殺戮《さつりく》に対して行動を起こさない国際社会、そして国連安全保障理事会《あんぜんほしょうりじかい》の無策《むさく》ぶりを見て、後藤さんは嘆きの感情を隠しませんでした。かりそめの停戦合意《ていせんごうい》がくり返されたあとも、平和への道のりは気の遠くなるほど先で、ＩＳの傍若無人《ぼうじゃくぶじん》ぶりもますます深刻度を増してきていました。

そんな頃、後藤さんはシリアのある友人の死の知らせを受け、ショックを受けます。その二人、オマールはＩＳの連中に殺され、もうひとりのハムザという若者は政府軍の爆撃に遭《あ》い死亡しました。

オマールはカメラマンになるつもりでした。成長して、立派な仕事につき、やがて結婚もし、家庭をもつつもりでした。ハムザは、英国の慈善団体《じぜんだんたい》が援助するパン焼き工場を任されていました。ビルの地下にあるその工場では、ベルトコンベアーにのせて一〇〇〇世帯分の、「ホブス」と呼ばれる平べったいアラビアパンが、毎日製造《せいぞう》されていました。彼はそれを毎朝、戦争孤児《こじ》や貧しい人たちに配っていました。七月十日、工場ごと空爆に遭い死にました。

この訃報《ふほう》を聞いて二ヵ月半ものあいだ、後藤さんは落ち込み、思い悩みました。彼らは長引く紛争のなかで、自分たちの力で生活を立て直そうと精一杯努力していました。それなのにどうして、彼らのように将来のある若者たちが無念にも死んでいかなければならないのか？　彼らは兵士でも戦場ジャーナリストでもなく、平凡《へいぼん》な未来と幸福を追い求めるふつうの青年たちだったのに！

後藤さんは、以前日本から持っていってプレゼントした時計やデジカメを受け取ったときの、彼らのうれしそうな笑顔を忘れることができませんでした。しかし、「なぜ」といくら考えてみたところで、ふたりのやさしい笑顔は二度ともう戻ってこないのです。

後藤さんは心を決めます。

「自分が生きてこの仕事をしているかぎり、今、シリアで起きている現実、刻々《こくこく》と変化する政治情勢、そして暴力と恐怖の支配下に置かれている子どもや市民生活の生々《なまなま》しい姿を、伝える義務がある」

後藤さんとの最後の会話

米国をはじめサウジアラビア、ヨルダンなど中東五ヵ国が参加した、ＩＳの首都ラッカへの空爆が始まった一週間後の二〇一四年九月二十九日、後藤さんは日本を発ちます。翌日トルコのイスタンブールに着くと、その足で、トルコ南東部のキリスにむかいました。

キリスは国境を隔《へだ》ててシリアと接していて、その検問所から十月二日、シリアに入国を試みます。しかし、このときは無許可で越境《えっきょう》しようとして自由シリア軍の警備員に止められてしまいます。ガイドをしていたアラアッディーン・ザイムの説得もあり、後藤さんはそのあと、別のシリア北部のトルコ国境の町・コバニ（アラブ名はアイン・アル・アラブ）で取材をしようと考えます。

ところでこの取材に出る前に、後藤さんには大事な出来事が控えていました。子どもの誕生《たんじょう》です。出産予定日は十月十日でした。そういう事情から、後藤さんには、取材を一週間程度で切り上げて日本に帰らなければいけないという、あせりがありました。

ところがこのコバニには、ＩＳの戦闘員らが攻勢を強めてきていて、危険が多すぎてやはり入れませんでした。それで後藤さんは日本の知り合いに現地から電話を入れます。この知り合いは東京の会社経営者の前田さんという人で、今回の旅の費用も肩代《かたが》わりしてもらっていました。

後藤さんは前田さんに、「足止めをくらっているんだけど、なにを取材したらいいだろう」と相談します。前田さんは、「避難民が越境して逃げてくる姿は報道されているけれども、実際にシリアの難民がトルコでどういうところにいて、どういう暮らしているかは日本にまで伝わってきていない。だからそういうのを取材したらどうか」とアドバイスしました。その言葉に促されて、後藤さんは取材の切り口を変えることにします。コバニからほんの目と鼻の先のトルコ側のスルクという町に移動すると、そこで、シリアから逃げ出して来た人たちの、難民キャンプもまだできていない、避難民発生初期の現場を取材することにしたのです。

戦況は日々刻々と移り変わり、トルコ当局の報道規制も日毎《ひごと》に厳しくなってきていました。ですが、このときはスルクにまる二日間滞在して、なかなかよい映像が撮れました。こうして後藤さんは十回目のシリア取材旅行を無事終わらせます。そして十月六日、予定を少し早め、いったん帰国します。

このときの取材映像は東京のテレビ局に買ってもらえ、後日《ごじつ》放送されました。ところが、子どもの方は予定日が早まって、十月一日に女の子が誕生していました。出産にはタイミングが合わず間に合わなかったのです。

それから、後藤さんが再び日本を発ったのは十月二十二日でした。そして、それが後藤さんの最後の旅路《たびじ》になりました……。

二十二日の日本出国の前日、後藤さんは、赤坂にある行きつけのバスク料理店で朝の三時頃までひとりワインを飲んでいました。そのあといったん帰宅し、朝――これは日課《にっか》としていたのですが――長女を保育園まで送っていきます。そして、そのまま事務所に立ち寄り、旅立ちの準備をしました。夕方の四時くらいに、前述の会社経営者の前田さんが後藤さんのもとを訪れます。前田さんの会社で開発した取材用の新しいアプリが入った iPod touch を渡すためです。

このとき後藤さんは、前の晩、徹夜《てつや》をしたせいか、寝不足でとても疲れているように見えました。しかし、前田さんが取材の目的を尋ねると、

「ラッカに行ける可能性が出てきた。まだやり残したことがあるので出かける」と後藤さんは

答えます。「空爆後の状況は、だれか、ぼくのようなジャーナリストが入って伝えない限り分からないから」

それは後藤さんが前田さんに伝えていた、シリア入りの一貫した理由でした。このとき、湯川さんの話はまったくしていなかったと言います。そして前田さんと別れたあと、後藤さんは予定通り、夕方の成田発の便でふたたびトルコに旅立っていきました。

十月二十三日、トルコ南部の町・ガジアンテプのホテルに投宿《とうしゅく》したあと、後藤さんはいつものガイドのアラアッディーン・ザイムに電話をします。そして翌二十四日にはアラアッディーンと、トルコとシリアの国境の検問地点であるバブアラサムで合流しました。アラアッディーンは後藤さんがトルコ経由でシリアに渡るのを二〇一二年から八回にわたってサポートしています。

このとき後藤さんは、「イスラーム国に行く」とアラアッディーンに開口一番《かいこういちばん》告げました。けれどもアラアッディーンには小さい子どもが三人いました。それで彼は、危なすぎるからと言って、後藤さんといっしょに行くのを躊躇《ちゅうちょ》しました。もし信頼を寄せるガイドのアラアッディーンがこのときすぐに同意し、取材に同行していれば、後藤さんも無茶《むちゃ》をしなかったでしょう。しかし後藤さんの決心はもう固まっていました。後藤さんは、もうひとりの別のガイドを雇うことにして、国境を越えます。

ところが、アラアッディーンは後藤さんのことがやはり心配でした。それで、そのあともう一度、シリア側のアザズという町まで後藤さんに会いにいきました。そのとき後藤さんは新しいガイドのヤセルという人物と一緒でした。アラアッディーンは後藤さんにシリアのラッカ行きを思いとどまるよう強く説得します。ですが、後藤さんの決意は変わりませんでした。

その夜、後藤さんはヤセルの家に一泊しました。そして翌日、彼に伴われて国境の南のマーラから一〇キロメートルほど行ったＩＳの最初のチェックポイント行きのバスに乗ったということです。

ＩＳの首都とされているラッカへ向かったのは十月二十五日でした。パリにいた私と後藤さんとが、ＳＫＹＰＥを繋《つな》いで一時間半ほど話をしたのは二十四日のことです。もしかしたらそれが後藤さんにとっての、「日本語」での最後の会話だったかもしれません。

そのとき、最初の五分くらいはカメラをオンにして、お互いの顔を見ながら話しました。しかし、私は後藤さんがてっきり東京にいるのだと勘違いし、背景やその周りの雰囲気には注意を払いませんでした。彼がそのとき、シリア国境付近のトルコの町にいたということを知ったのは、翌日の彼からのメールによってでした。

〝カズさん、今シリア〜トルコ国境にいます。昨日言えずごめん。諸事了解、心配ない。方向

性良いと思う。30日日本戻り〃

――それが、私が後藤さんから受け取った最後のメッセージでした。なお、ツイッターへの投稿は二十三日で途絶え、日本の「クリスチャントゥデイ」という新聞社への最後のコラムは二十四日に送信されています。

後藤さんがISに向かった理由

ISの首都とされていたラッカへ向かうその日、

「これからラッカへ向かいます。〃イスラーム国〃の拠点と言われますけども、非常に危険なので、なにか起こっても私はシリアのひとたちを恨みませんし、どうかこの内戦が早く終わって欲しいと願っています。何が起こっても責任は私自身にあります。どうか、日本のみなさんもシリアの人たちになにも責任を負わせないでください。まあ、必ず生きて戻りますけどね」

と後藤さんは日本語で言い残して、ISのテリトリーに入って行きました。

後藤さんが残したこのメッセージは、彼自身のiPhoneに記録されていました。そしてそれは、万が一何かあったときのためにと言って、その他のメモや日本の連絡先とともに、アラアッディーンに託されていました。一週間経っても後藤さんからの連絡がなかったので、アラアッディーンは日本の妻のもとに電話をしました。その後、家族のもとにISからの身代金要求のメールが届いたのは、十二月二日のことでした。

後藤さんが自らリスクを承知の上で出かけていったことは明白でした。このころシリアでは、国境を渡ってくる外国人ジャーナリストをだまして、人質として誘拐《ゆうかい》し、ISに売り飛ばすブローカーが暗躍《あんやく》していました。彼らは、最初はジャーナリストの案内役としてISとの口利きを行なっていましたが、そのうちISにジャーナリストを売ったほうが儲《もう》けになると知って、闇ブローカーに転じたのです。もしかすると、後藤さんはそんな闇ブローカーの口車《くちぐるま》に乗せられて、つまり、ISの支配地域に入る手引きしてくれると誘われて、偶然の成功にかけたのかもしれません。しかし、たとえその先ISに拘束されるようなことがあっても、そこまではある程度、後藤さんのなかでは織《お》り込《こ》み済《ず》みだったように、私は思います。

後藤さんはこれまでに何度も取材先で拘束された経験がありました。そのたびに抜け目ない洞察力と、相手を説得するコミュニケーション能力で、その窮地《きゅうち》を脱出してきていました。いずれにせよ、後藤さんにはこのとき、ISの支配地域から生きて還《かえ》れる保証=〈勝算《しょうさん》〉があったに違いないのです。しかし、どんなにベテラン・ジャーナリストとしての適確な判断力と緻密《ちみつ》な計画性があったとしても、あのISという組織の残虐《ざんぎゃく》な手口《てぐち》だけは例外とみるべきでした。

そして後藤さんにはもうひとつ「誤算《ごさん》」がありました。それは日本政府の取った行動です。シリアで後藤さんが行方不明になって約一カ月経《た》ってから、後藤さんの家族に対し、ISから身代金要求のメールが来ました。家族はそれを外務省《がいむしょう》に通知し、秘密裏《ひみつり》にずっと交渉していました。その情報を外務省も政府も把握していながら、安倍首相は中東訪問中の一月にエジプトのカイロで、〃ISIL（イスラーム国）と対峙《たいじ》する周辺国に二億ドル支援する〃と発表したわけです。

「イラク、シリアの難民・避難民支援、トルコ、レバノンへの支援をするのは、ISIL（イスラーム国）がもたらす脅威《きょうい》を少しでも食い止めるためです。地道な人材開発、インフラ整備を含め、ISILと闘う周辺各国に、総額《そうがく》で二億ドル程度、支援をお約束します」（安倍総理大臣の中東政策スピーチ、二〇一五年一月十七日）

これに呼応《こおう》するかのように、ISはそのすぐあとに、後藤さんと湯川さんふたりの身代金二億ドルを要求する映像をユーチューブに投稿しました。

安倍首相が唱えていた「積極的平和主義」の理念をほんとうに推《お》し進《すす》めたいのなら、〃ISILと闘う周辺各国に――〃などとは言わず、たとえば医療使節団《いりょうしせつだん》の派遣など、積極的な人道支援策を打ち出すべきでした。その言動《げんどう》がISを刺激し、彼らが人質を使って日本政府に揺さぶりをかけるということは容易に予想できたはずでした。

安倍首相によるカイロでの演説が、ＩＳをして、法外《ほうがい》な身代金を要求させた直接の要因であったことは疑いようがありません。この安倍外交の拙劣《せつれつ》さこそ、ＩＳをして、日本を敵国《てきこく》と見なさせてしまった原因でした。その意味では、後藤さんは、政府によって殺されたように見えます。

ＩＳの戦闘員の前で囚人服を着せられた後藤さんたちが砂漠でひざまずくあの姿がどれだけ衝撃的であったか！　あれはもしかしたら、後藤さんの一世一代《いっせいちだい》の、文字通り体を張った最後の現場レポートであったかもしれないのです。すなわち、「戦争」と「平和」が表裏《ひょうり》一体であるように、「生」と「死」もまた、人の一生では紙一重《かみひとえ》なのだということを、後藤さんは日本政府に対して訴えたかったように、私には思われます。

しかしそれはやはり、結果的には、「あとのまつり」でした。ＩＳに捕まってしまった時点で、後藤さんの命運はすでに自らの手中にはなかったのです。「行かない」ということでしか、それは防げなかったのです。

あの時点でＩＳが拘束していた西側の人質の数、すなわち「持《も》ち駒《ごま》」はとても限られていました。そして、カリフ制を信奉するＩＳの連中の論理ですべてのものごとが動いていた以上、後藤さんが生きて帰ってこられる確率は極めて低かったのだと感じます。ＩＳが残虐で異常な組織であることは、誰よりも後藤さん自身がよくわかっていたのではないでしょうか。

その懐《ふところ》にあえて飛び込んでいった後藤さんは、なぜそこまでして、何にむかって、突っ走っていったのでしょうか。これはひとつの仮説《かせつ》ですが、たぶん、後藤さんにとって、あの状況で「シリアに行かない」という選択は、とてもつらいことだったのかもしれません。自分は「シリアに行ける」状況にある、なのに、その選択肢をここで取らないのは、後々《あとあと》悔《く》いが残ることになる、そう思ったのではないでしょうか。前にも触れたとおり、だれかがシリアの空爆下の市民を撮影して、世界に伝えなければいけないとしたら、それは自分自身しかいないのではないか、と考えたのかもしれません。

一方、ひとりのジャーナリストの死よりももっと多くの死がそこにはあるということを、私たちは覚えておかなければなりません。数えきれないほどの一般市民の死を伝えるのがジャーナリストの仕事です。戦場ではジャーナリストの死もそのひとつでしかありません。訃報《ふほう》に接してもなおジャーナリストは伝え続けなければならないのです。そうしなければ、戦火のなかで起こっている事実、すなわち戦争の実態を、ひとに伝えることはできないからです。

そういう意味では、後藤さんの事件のあと、ＩＳの残虐性や脅威《きょうい》ばかりがメディアで取りざたされてしまったことは、とても残念なことです。彼自身が一番伝えたがっていた、ＩＳの支配下に暮らしている地元住民の理不尽な生き様《いざま》や、アサド大統領の圧政で不条理な人生を強いられている女性や子どものことは、みんなの関心ごとから置き去りにされてしまったのです。

他方、共感であれ、反発であれ、後藤さんのたどった最後の道のりを、結果だけで判断するのはフェアではないような気がします。命の「危険性」というものは現場でしか判断できない類《たぐい》のものです。ジャーナリストはある行動に踏み出す時、安全性と社会的責任感を天秤《てんびん》にかけて、慎重に考えた上で一歩踏み出します。自らの死も覚悟しながら、それでも、信じ難いほど過酷な、堪え難いほど困難な現場で起こっている出来事をひとびとに伝えなければ、という強い想いがあるからです。

反面、それを「心意気《こころいき》」だけで理解しようとするのも矛盾がおきます。ときには、それは大それた向こう見ずな行動というのではなく、むしろプロの「職業人」であればだれもが決断しかねない仕事上の「任務」だったりもするのです。警察官や消防隊が単に危険だからという理由だけで任務を放棄することがないのと同じです。

どんな理由にせよ、後藤さんがこれまで撮りつづけたドキュメンタリーやレポートに心動かされ、人生を変えられたという人がいたとすれば、彼がこれまでなしてきた仕事の意義は計り知れないものだったと気づかされます。結果的に、後藤さんの映像や文章が、そこに登場する子どもたちに手を貸し、世界の平和の実現を早めるために少しでも役立ったのだとしたら、《映像ジャーナリスト》は彼にとっての最高の「職業」であったのです。まさしく、それこそが彼の生き様だったと思います。

——後藤さんがISの地に入っていったほんとうの理由。それは後藤さん自身しか知りえません。答えは永遠に謎に包まれたままでしょう。あるひとは、家族に対する愛があまりにも大きすぎて、それを失う恐怖がどうしようもないほど強くなっていたのだ、と言いました。そうかもしれません。その恐怖から逃れるには、あるいは自分自身の死の恐怖から逃れるには、死ぬほかなかったのだと、そのひとは説明してくれました。それともまた、友人を助けるためだったと言うひともいます。後藤さんにとっては、「他人の命」も「自分の命」も同等だったのでしょうか？

いずれにせよ後藤さんがどんなときも、戦争になるといつも一番つらい思いをする女性や子ども、お年寄りのことに心を砕いていたのは、疑いようのない事実です。最期の瞬間ですら、後藤さんは、そんな彼らが救われることに、一刻も早く世界に平和が訪れることに、そしてこの地球がもっと住みやすい場所になることに、祈りを捧《ささ》げていたはずです。その信念によって彼の人生が成り立っていたからこそ、彼の撮り続けてきた映像は今でもひとの胸を打つのです。

生前、後藤さんたちがシリアで育成していたジャーナリストの一団がいました。モハメド・マウムッドもその仲間のひとりでした。彼は三十九人もの親類《しんるい》を内戦で亡くしています。マウムッドは、彼らが後藤さんたちと育てた若者を中心に、ジャーナリストのためのセンターをアレッポに作って、これからも教育を続けていきたいと話しています。またその若者たちのひとりで、後藤さんが大切にしていたシリア人の教え子、フォトグラファーのアル・ハラビ君は、そののちパリの写真展でグランプリを受賞しました。

「健二はわれわれの仲間で、健二の仲間は、私たちの仲間でもある。シリアで、われわれは健二を生かし続ける」

こう、マウムッドは言います。ひとびとの会話や想いの中に〈後藤健二〉は今でも、ずっと生きているのです。

そう、後藤さんは「死ぬことで、生きた」のです。

心静かに後藤さんは天に召《め》されました。その命をひとのために使い切って。道半ばであったかもしれません。それでも、悔いのない最期を迎えられたのだと思います。そして、彼の行ないは多くの人たちの心に愛や感動を植えつけ、彼の精神はいつまでも健在です。私たちのなかに後藤さんは今も、そしてこれからも永遠に生き続けていくことでしょう。

終章

二〇一三〜二〇XX年

夜明け前、肌寒《はだざむ》いような冷気がベッドの上を襲いました。夢うつつでまどろんでいると、徐々《じょじょ》に曙光《しょこう》が差し込んできます。すると朝陽《あさひ》が登ったとたん、一転汗《あせ》ばむほどの熱線が窓を突き刺しました。上半身を起こして手許《てもと》の窓枠《まどわく》を押してみました。すると、ベルベットのような朝の冷気が渡ってきて、やさしく体をなでます。後藤さんは一瞬、自分がどこにいるのかを思い出せませんでした。

眠い目をこすりながら窓の外を見ると、見覚えのない人工的な色をした花や、その向こうには地中海《ちちゅうかい》風の赤屋根の家がひとつふたつ見えます。後藤さんは記憶を呼び起こします。

「そういえば昨夜《ゆうべ》、トルコ南部のアンタキヤを出発し、シリアの国境を横断してきたのだった。そうか、ここは何年も前に戦争が終わって、平和な社会が続いているシリアの地中海都市・ラタキアだ」

数年間続いたシリアの内戦は終結していました。全人口二〇〇〇万人のうちのおよそ二人にひとりにあたる、周辺国に脱出していたシリア難民たちも、今はそのほとんどが故郷に戻りました。およそ三人にひとりの割合だった、ISの支配下に置かれていた住民たちも、全員無事解放されました。

「こんな平和な時代が訪れるなんて夢にも思わなかった。ほんとうに帰ってきてよかった!」

後藤さんは、背伸びをしながらそう声に出して言いました。その刹那《せつな》、〈胸のつかえ〉が取れたように、心の底から仕合《しあ》わせを感じました。

――まだシリアが戦争中だったむかし、後藤さんはシリアのひとびとの現実にフォーカスした市民の様子を日本に伝えようと、この同じ〈アンタキヤ〉―〈ラタキア〉のルートを通ってシリアに渡航します。

二〇一三年の夏のことです。

＊

自由シリア軍の兵士のあとについて、後藤さんは陸路、首都のダマスカスを目指していました。砂ぼこりが視界を遮《さえぎ》り、照りつける砂漠の日差しが体力を奪う、暑い季節でした。撮影機材を詰めた大きなリュックサックが重たく感じられます。ダマスカスに行くのは、アサド体制下の一般市民の生活は今どうなっているのか、それを知るのが目的でした。しかし首都ダマスカスは未だ遠く、途中のシリア最大級の陸軍基地に隣接する街、マアッラト・アン＝ヌウマーンとその周辺では、激しい戦闘がくり広げられていました。

ひとびとは戦争で疲弊《ひへい》した暮らしの中から抜け出せる糸口すら見いだせていませんでした。通過地点のシリア北西部の県イドリブでは、政府軍は戦車中心の地上戦から戦闘機による空爆に比重《ひじゅう》を移していました。街からは兵士の姿が消え、その代わりに基地の中から迫撃砲《はくげきほう》で無差別に町や村を狙っていました。血のつながりや結束《けっそく》の強さを誇る自由シリア軍の兵士たちでしたが、彼らさえ自分たちの家族や親戚《しんせき》が住む家を守りきるのが精一杯でした。

二日後、やっとのことで首都ダマスカスにたどり着くと、後藤さんはまず街中のカフェを覗《のぞ》いてみました。水タバコをくゆらすダマスカスの一般市民の姿が目に入りました。首都のダマスカスまでは、まだ本格的な戦闘は及んでいない様子でした。しかし通りのあちらこちらにコンクリート製のバリケードが置かれていました。そこを通り抜けようとするひとびとを、自動小銃を構えた軍隊が検問していました。首都全土が巨大な要塞と化しているのです。

ふいに爆音がして、遠くの方で白煙《はくえん》が上がったのが見えました。近郊の街で戦闘が起こっているのです。後藤さんはカメラをリュックサックから取り出し、そちらの方角《ほうがく》に向けました。途端に、側《そば》に駐まっていた車に乗っていた三人の男たちがすごい勢いで飛び出してきて、後藤さんをつかまえようとしました。彼らは、私服の秘密警察官《ひみつけいさつかん》たちだったのです。ダマスカスでは戦闘の様子を海外のメディアが撮影するのは禁じられていました。

情報省からもらった取材許可証を、後藤さんは私服警官に見せますが、取り合ってもらえません。それでも長時間の説得の末、なんとかビデオテープの没収《ぼっしゅう》だけは免れます。しかし撮影はそれ以上許してもらえませんでした。

戦闘はそのあとも断続的に続いていました。この頃にはすでに、ＩＳの前身であるアル・カーイダ系イスラーム原理主義グループの多くの過激派が、反政府軍に混じって交戦していました。そのなかにはリビア、チュニジア、サウジアラビアからやってきて過激派に参加している若者もたくさんいました。

首都ダマスカスの周辺で唯一、反政府武装勢力が活動している場所があると聞き、後藤さんは向かいました。南部ヨルダンとの国境の街・ダラアへ抜ける町外れの地区です。

シリア軍の検問所の前には大勢のパレスチナ難民たちが長い列を作って家路《いえじ》につけるのを待っています。ヨルダンとの国境に近いパレスチナ難民居住区《なんみんきょじゅうく》は、歴史的にシリア国軍が反イスラエルのシンボルとしてパレスチナ自治《じち》を許してきた、特別な場所だったのです。その間隙《かんげき》をぬうようにしてスンニ派武装勢力が侵入《しんにゅう》・交代をくり返していました。

当時、その地区に続く目抜き通《めぬどお》りは「スナイパー・ストリート」と呼ばれていました。完全武装したシリア軍が、少しでも怪《あや》しい格好をした住民が近づこうものなら、だれかれかまわず狙撃《そげき》するので、日中通りからは人影がまったく消えてしまっていました。

「学校も閉鎖《へいさ》になったままだし、危険で外でも遊べないよ。家に帰るのも一苦労なんだ。早く学校に行けるようになって、友だちに会いたい」

スナイパー・ストリート近くのアパートに住む中学生は、後藤さんの耳元でこう囁《ささや》きました。

そのとき、またどこかで銃声が響きました。

＊

ダマスカスのスナイパー・ストリートで出会ったあの中学生は、今はもう立派な大人になっているだろう……。初夏の照り返す太陽に焼けつくラタキアの景色を窓から眺めながら、後藤さんは、少年の顔を思い出したようにつぶやきました。内戦が終わってひとびとは安全な暮らしに戻り、今は子どもたちも安心して学校に行けるようになっていました。そのことに、知らず知らずのうちに微笑《ほほえ》みがこぼれ出てきます。
遡《さかのぼ》ること数年――。シリアのアサド政権は、ロシアの後《うし》ろ盾《だて》を失ったことを理由に自ら退《たい》陣《じん》します。そして、トランプ政権下の米国をはじめとする国連安全保障理事会の満場《まんじょう》一致《いっち》の決断で、シリアには平和的暫定政府《ざんていせいふ》が樹立《じゅりつ》されます。シリア政府軍は解体《かいたい》され、「シリア征服《せいふく》戦線（旧ヌスラ戦線）」を含む、三〇〇以上の反体制派も武装解除します。

長い紛争のせいで廃墟《はいきょ》と化していたアレッポ、ホムス、それにダマスカスも、今では元どおり復興し、町はひとびとの活気であふれていました。宗派間争いは消え、各勢力は武器を拒絶して、お互いに赦《ゆる》し合《あ》うことで、共存《きょうぞん》の道を歩んでいました。

そんな、戦争の傷跡から立ち直った現在のシリアを、もう一度その目で見てみたいと、後藤さんはこの地に降《お》り立《た》ったのです。


イスラーム教過激派組織「ＩＳ」の終焉は、加速度的に進みました。イラクとシリアの両方で戦略的に重要な要衝《ようしょう》を失ったことで、彼らの敗退は確実なものとなりました。アフガニスタンでもＩＳ指導者が米軍の空爆で死亡し、北アフリカ・リビアの拠点《きょてん》も制圧《せいあつ》されました。

トルコからの物資の輸送にとっては欠かせないシリア北西部の重要な補給基地《ほきゅうきち》は、米軍の支援による、クルド人軍事組織ペシュメルガ（「死に立ち向かう者」の意）、それにシリア人の部族部隊からなる「シリア民主軍」の掃討《そうとう》作戦により奪還《だっかん》。この地域で激しく抵抗していた数千人といわれるＩＳの戦闘員も、一日二十回を超える空爆に堪え切れず、撤退《てったい》を開始しました。この空爆は、ＩＳに極めて大きな打撃を与え、その後始まった、「シリア民主軍」を中心としたラッカ攻撃によって、ＩＳは壊滅《かいめつ》状態に陥りました。

シリアの隣国のイラクでも、ＩＳのイラク最大拠点だった北部のモスルが陥落。追い詰められたＩＳの戦闘員が逃げ込んだトルコや欧州の各国でも、彼らはテロを起こす前に、欧州の治安機関によって全員逮捕、収監《しゅうかん》されました。こうして中東、それにアフリカ大陸における長い戦乱の時代には一つの終止符《しゅうしふ》が打たれました。

思い起こせば、何十年も昔、米軍が「多国籍軍《たこくせきぐん》」を率いて大規模な戦争を行なった「湾岸《わんがん》戦争」がありました。その後、「アラブ世界」対「キリスト教」、あるいは「ユダヤ世界」という構図の下、中東各地で軍事行動がおこり、それに対抗してイスラーム過激派のテロの報復《ほうふく》が始まります。社会は荒廃し、若者たちは希望を失っていきました。

やがてその中から国際テロ組織「アル・カーイダ」が誕生し、あの９・11事件に発展します。このアメリカ同時多発テロによるニューヨーク・ワールドトレードセンタービルの破壊は、米国民の自尊心《じそんしん》と米政府の威信《いしん》を傷つけ、ブッシュ大統領は「対テロ戦争」を叫んで、アフガン戦争、イラク戦争に踏み込んでいきます。アメリカ共和党タカ派の新保守主義《しんほしゅぎ》＝〈ネオコン〉による過剰《かじょう》なミリタリズムは、こうして単独行動主義に行き着きました。

そしてイラク戦争後の武力によるアメリカの占領政策、さらにシーア派が力でスンニ派を抑える強権的《きょうけんてき》な手法《しゅほう》などが、シリア内戦の引き金となりました。そしてそれが最終的にはIS（イスラーム国）という怪物《かいぶつ》を生み出したのです。

後藤さんはその激動《げきどう》の二十年以上を一貫して、世界各地の困難な状況下で生きる一般市民の姿、その現状と未来について伝えてきた人でした。二十年間で訪れた国は、シエラレオネ、アフガニスタン、パキスタン、イラク、ルワンダ、ソマリア、南スーダン、そしてシリアなど五十ヵ国以上に上ります。取材対象は「戦争・紛争」「難民」「貧困」「エイズ」「教育」など多岐にわたっていました。その後藤さんの人生は、つねに社会の弱者とともにありました。

私も、これまでに百ヵ国近い土地を旅してきました。そこで出会ったひと、別れたひと、そんな一人一人すべてのひとの記憶が、想い出のなかには詰《つ》まっています。その一つ一つが私の人生のなかでかけがえのない物語となっています。後藤さんの物語もそのひとつです。

――後藤健二さんのジャーナリストとしての半生をたどりながら、ところどころ空想も交えて、私自身が知りうる限りの彼の人生の一部分を、垣間《かいま》見てきました。これで、このはなしは終わりです。

そして、ここからは、読者自身の物語の、始まりです。

あとがき

湯川遥菜さんと後藤健二さんがイスラーム過激派組織・ＩＳに拘束されたという動画が公開されてからおよそ二ヵ月後。二〇一五年三月十八日に、私は赤坂にある、後藤さんの会社であったインデペンデント・プレスの仕事場を訪れていました。湯川さんに続いて、二月一日に「後藤さん殺害」のニュースが流れたあとも、私は彼の死を受け入れられないでいました。

その日、後藤夫人に案内されて入った事務所は、以前何度か来たことがありましたが、後藤さんが出て行ったときとあまり大差がないように思われました。玄関を入り短い廊下《ろうか》をぬけると、左手に後藤さんのワークデスクが置かれています。その前にある藤色《ふじいろ》のチェアーは、今でも部屋の主を待っているようにひっそりそこにたたずんでいました。

机の前に、後藤さんが書いたと思われる付箋《ふせん》が一枚貼られてありました。「A Daily Prayer」という曲の歌詞です。これは、「主《しゅ》がお望みなら、弱い者を助けるために私をお使いください」

という内容のマザー・テレサの祈りを、曲にしたものでした。後藤さんはこの歌の詩を小さなメモに書き、デスクの一番見えるところに貼っていたといいます。そのことを、私はあとになって知りました。

以前この事務所を訪ねたとき、無類《むるい》なワイン好きであった後藤さんから秘蔵《ひぞう》のワインを一本プレゼントされたことがありました。映画監督のフランシス・フォード・コッポラがカリフォルニアのソノマに所有するワイナリーで醸造《じょうぞう》した〝ディレクターズ・カット〟という赤ワインです。後藤さんは仕事場でもよく、一人ワイングラスを片手に仕事をしていました。背後の壁一面には整頓《せいとん》され箱にぎっしり詰まったビデオテープが、いつも黙《だま》って後藤さんの背中を見守っていました。その数八〇〇本以上。この録画テープに残された記録の一つひとつが、後藤さんが生きたという証でした。

後藤さんの死の報道には、なにか割《わ》り切《き》り難《がた》い想いがずっとありました。私はその夜、彼の残した日記をもう一度読み返してみました。そのなかに、十一年前の二〇〇四年に起きた、「イラク日本人青年殺害事件」に関する記述があるのを見つけました。

この年の十月末、日本人旅行者の香田《こうだ》証生《しょうせい》さんがイラク・サマワで武装抵抗勢力に拘束されたのち、殺害されました。この事件は、初めて日本の民間人、しかもジャーナリストではない一般人が犠牲となったことなどから、当時大きなニュースとなりました。

ザルカウィを指導者とする、彼を殺害した過激派グループは、のちにアル・カーイダと合流して「イラクの聖戦《せいせん》アル・カーイダ組織」と名を改め、現在のイスラーム国・ISの前身となります。イラクに滞在中の外国人を拉致《らち》して人質《ひとじち》にし、覆面《ふくめん》の男たちがその人質を前にして、米軍撤退などの要求をつきつける。要求が通らないと人質の首を切断《せつだん》して殺害し、その様子をビデオに収めネットに流す。こうしたやり口は、まさに現在のISそのもののやり方でした。

ベトナム戦争集結からの四十年間に何人かの日本人ジャーナリストが戦場で命を落としました。最も多かったのは、ベトナム戦争とそれに続くカンボジアとラオスの内乱《ないらん》を含めた十四名でした。その後、中東などで、取材中に亡くなった日本人ジャーナリストは八人、うち六人はフリーランサーでした。この全員が映像ジャーナリストです。そして、最近の十年に犠牲者は集中しています。後藤健二さんもそのなかに含まれます。しかし湯川さんや香田さんは入っていません。彼らは職業ジャーナリストではなく一般人でした。

香田さんがイラクで拉致されたというニュースを日本で聞いた後藤さんは、その日のブログにこう書いています。

「彼の行動を非難することと、知らんぷりをすることとは、行動の理屈《りくつ》として繋《つな》がらない。いろいろ意見はあると思うけれど、漫然《まんぜん》と見捨てていいのか、と思う。〈見捨てない＝繋《つな》がっていますよ〉というメッセージは、彼に対してのものであり、同時にイラクとその国の人たちに対するものでもある」

ニュースが流れた翌日、青年の解放を求める集会に後藤さんは参加しました。後藤さんがデモや集会と呼ばれるものに参加したのは中学生以来のことでした。その理由を後藤さんは、「欧米人に限らず、イスラーム教徒や同胞であるイラク人までが誘拐されて殺害されるようになった今、自分がどう行動するのか、イラクの人たちや国際社会から見極《みきわ》められていると思うから」と語っています。

実はこの言葉には後藤さん自身の〈ムスリム感〉が色濃《いろこ》く反映《はんえい》されています。なぜ後藤さんは考え方も生き方も違うイスラームのひとびとに、一切偏見《いっさいへんけん》を持たずに接しられたのでしょうか。この一文からは後藤さんがなぜ、彼らとつねに人間として接することができたのかが読み取れます。

それにしても、どうして後藤さんは、地球の反対側のまだ会ったことのない、あるいは一生会うこともなかろう人々の幸せさえも、願うことができたのでしょうか？「なぜそういった人々にまで、肉親《にくしん》にむける眼差《まなざ》しのような態度をとれたのか？」――彼のその態度には、そして、その彼の思想や行動には、異なる立場の異なる意見をもった人たちのあいだの争いに対する、「和《わ》解《かい》」へのヒントが隠されているように思われます。

後藤さんのツイッターの有名な次の一節からも、彼のアラブのひとびとへの共感が読み取れます。

「目を閉じて、じっと我慢《がまん》。怒ったら、怒鳴《どな》ったら、終わり。それは祈りに近い。憎むは人の業にあらず、裁《さば》きは神の領域。──そう教えてくれたのはアラブの兄弟たちだった」

しかし現実に目を向けると、「香田証生さんの解放を求める」集会に参加し、首相官邸《しゅしょうかんてい》前をデモした人の数は三〇〇人ほどでした。人質解放を求めて数万人のデモが行なわれたイタリアやフランス、テロが起きたあと雨のマドリッドの中心部を人々が埋め尽くしたスペイン。そういうものとは比較《ひかく》になりませんでした。

後藤さんはその日、集会に出てデモ行進に参加しながら、自らに言い聞かせました。

「〝あの青年を殺してはならない〟ということがすべてだ。自分に、日本人に、イラク人に訴えかけるにはどうしたらいいのだろうか？　静かに祈りをあわせていきたいと、心から思う。希望《きぼう》はある。分析的な見方をしても、希望はあるよ」

翌日も後藤さんは集会に出かけました。そして、「どうか神さま、彼を連れて行かないでください」と祈りました。〝大丈夫、きっと助かる〟――。それは後藤さんにとっての〈ひとつの巡《じゅん》礼《れい》〉でした。

一方、たとえ集会に参加しなくとも、「心の隅に彼のことをおいて〝祈る〟ことだけでも〈見捨てない＝繫がっている〉ことになると思う」と後藤さんは書いています。

――しかし、四十八時間は無情に過ぎていきました。そして香田さんは戻らぬ人となりました。人質の青年が首を斬《き》られ、バグダッド市内で星条旗《せいじょうき》に包まれて、遺体《いたい》で発見されるという凄《せい》惨《さん》な顚末《てんまつ》を迎えたこの事件。日本国内では、「国民の大切な税金を使ってまで身勝手な連中を助ける必要はなかった」という、《自己責任論《じこせきにんろん》》がネット上で大手《おおで》を拡《ひろ》げて一人歩きするようになっていたこの頃、後藤さんはこう思っていたにちがいありません。

〈たとえ自己責任だとしても救える命であったなら助けるべきだった。それってなにが間違ってる!〉

後藤さんは青年とその家族のために涙を流しました。

「神様、あなたが青年にお与えになったご計画がいかなるものであっても、どうか、青年の家族の手と足だけはくじかないでください」

のちに、ある大学の学生を前に講演をしたときに、後藤さんはこの事件のことをふり返り、こう語りました。

「絶対に〝彼を責《せ》めてはいけない〟ということだ。自分探しをしたいという思いや、この世界で起こっていることを見てみたいと思うことは誰にでもあるということ。たまたま場所がイラクだったということ。もしかしたら、イラクだったから行きたいと思ったのかもしれないね。〝探検部とか言って、アマゾンの川下りに行くのも同じことだ〟（中略）――そういう思いは誰にもあるものなのだ。彼を責めてはいけない、責められるべきはもっと他《ほか》である」

それから十年以上が経ち、後藤さんはその同じ過激派組織、ＩＳに命を奪われました。このときも大勢の祈りは天には届きませんでした。「なぜ？」という疑問符《ぎもんふ》が今も私たちの胸には深く突《つ》き刺《さ》さっています。

後藤さんの死後、日本のマスコミの論調《ろんちょう》とネットへの書き込みなどで日本人が示した反応は、概《おおむ》ね同情の混《ま》じった肯定的なものだったかもしれません。しかし、やはり根底《こんてい》にはいくぶん非《ひ》難《なん》と冷淡《れいたん》が潜んでいたように思います。それは同様に命を奪われたアメリカ人ジャーナリストに対する米国民の態度や世論とはかけ離れた対照的《たいしょうてき》なものだったように感じます。正直言って、少なからぬ数の日本人があの死に反発《はんぱつ》の混じった不快感《ふかいかん》を覚えたはずです。その反発の理由は、彼が個人としての判断と責任にもとづいて動いた結果――それは身勝手《みがって》だったということになります――みんなに迷惑《めいわく》をかけてしまった、そして日本政府は今回もまた人質を見殺《みごろ》しにすること しかできなかった、という不快感です。

人質になれば「自己責任」。非業《ひごう》の死を遂《と》げれば「英雄《えいゆう》」。この矛盾《むじゅん》に、私は今も胃酸《いさん》が逆流《ぎゃくりゅう》してくるような違和感《いわかん》を覚えます。たったひとつだけ言えることは、後藤さんの命もまた香田さんと同様、決して〈見捨ててはならない〉――命だったということです。そして、湯川遥菜さんというのは、後藤さんにとってのもう一人の香田証生さんだったに違いないということです。

二〇一五年一月二十日に日本人二名がシリアでテロリストに拘束されたというニュースが世界中をかけめぐった翌日《よくじつ》、フェイスブック上に「I AM KENJI」と書かれた紙を持って撮られた写真が投稿されました。アメリカからでした。

これはその事件から半月ほど前に、風刺画《ふうしが》で有名なフランスの新聞社が襲撃された時にツイッターやフェイスブックを通じてフランス全土に広がった、「Je suis Charlie（私はシャルリー）」という文字を投稿する運動にならったものでした。投稿したのはニューヨーク在住の映像プロデューサー・西前拓《にしまえたく》さんをはじめとする後藤さんの仲間たちです。

西前さんは、後藤さんと同じく私の古くからの友人で、私と後藤さんの共通の友だちでもありました。私もすぐにそのグループに加わり、二十五日にはツイッターにも同じアカウントを開設しました。説明文には英語と日本語で、次のように呼びかけました。

「〝I AM KENJI〟と書いたカードを持って写真を撮り自分のページから発信してください。後藤健二氏への連帯《れんたい》のしるしとして。友人にも声をかけてください。罪のない人を殺すことに大義《たいぎ》のないこと、日本人全員を敵に回すことに意味のないことを訴えましょう」

それはまたたくまに世界中に拡がりました。フェイスブックには一週間もしないうちに一万件近い賛同《さんどう》が寄せられ、タイムラインにも「I AM KENJI」を掲げた写真が二〇〇〇件以上投稿されました。支援は日本をはじめ、アメリカ、台湾、フランス、イギリス、イラク、シリア、アフガニスタンからも寄せられました。最終的に「いいね！」の数は五万近くに昇りました。

〝I AM KENJI〟というのは、団結をあらわすスローガンです。たとえば9・11のアメリカ同時多発テロの際は、ヨーロッパで「今夜限りは私たちもアメリカ人だ」という声明が発表されました。もっと遡れば、一九六八年のフランスの五月革命の頃に、「Nous sommes tous des Juifs allemands（私たちはみんなユダヤ系ドイツ人だ）」という標語が叫ばれたことがありました。これらはどれも、「抑圧と暴力にさらされた者たちへの連帯と支持」の意志を表すスローガンです。「Je suis Charlie」という文字を多くのユーザーがツイッターに投稿したキャンペーンでも、卑劣《ひれつ》な襲撃を非難し、犠牲者を悼《いた》むという目的がありました。

オランド大統領とサルコジ元大統領、ドイツのメルケル首相や英国のキャメロン首相、それにイスラエルのネタニヤフ首相までが参加し、全国で三七〇万人が行進をしたという一月十一日の追悼デモは、一九四四年八月のパリ解放以来の人数に達しました。しかし、「共和国デモ」と名付けられたこのデモは、「反テロ」を標榜《ひょうぼう》するデモのように一部伝えられましたが、「反テロ」と書かれたプラカードを持った人はほとんどいませんでした。人類学者のエマニュエル・トッドは、この日のことを、「フランス社会を代表していない中流階級のひとびとがデモの参加者のほとんどで、移民や労働者階級《ろうどうしゃかいきゅう》はいなかった」と述べ、それが「私はシャルリー」には賛同できない理由だと言っています。

つまり、シャルリー・エブド襲撃事件では、「Je suis Charlie（私はシャルリー）」の意味の中に、パリ郊外の移民労働者に対する排外主義《はいがいしゅぎ》的で反イスラーム的な、マイナスの感情も含まれていたのが事実です。それは、他者としてイスラーム文化を下に見る、もしくは異質《いしつ》なものとして敵対《てきたい》視《し》する、フランス社会全体に巣食《すく》う闇《やみ》の部分でもあると、私は思います。

「I AM KENJI」は違いました。それは、「私たちと人質は同一であり、私たちのことも殺さないかぎり、テロリストたちの目標は達せられない」という固い意思の表明でした。その意味において、「I AM KENJI」は、「Je suis Charlie」とは根本的にまったくちがった現象であったと見ることができます。

しかし、その意思表明は最も残酷なかたちで裏切られました。多くの人が、今まで感じたことのない怒りと悲しみに打ちのめされ、絶望と恐怖に苛《さいな》まれました。悲嘆《ひたん》、無念《むねん》、喪失感《そうしつかん》、困惑《こんわく》、無力感《むりょくかん》、傷心《しょうしん》、後悔《こうかい》、虚無《きょむ》、あらゆる言葉がこの日、フェイスブック上にメッセージとして書き込まれました。

またネット空間だけでなく現実の世の中でも、「I AM KENJI」と書かれたプラカードを掲げた追悼者《ついとうしゃ》が世界中にあふれました。キャンドルや花束を手に広場に集まり、悼み、祈り、誓ったのです。「彼のことを決して忘れない」――と。

暴力と戦慄《せんりつ》におびえ口をつぐみ、影をひそめること、それは後藤さんや湯川さんの命を奪った者たちに屈《くっ》するということを意味しました。反対に、憎悪の感情に押し流されて、憤りをどこかにぶつけようとするのも、彼らの思うつぼでした。一人ひとりが勇気を持って負の連鎖を断ち切らなければいけない、そう、団結したのです。

二月一日に、私は「I AM KENJI」から以下のようなメッセージを配信しました。

後藤さん

今はただ、あなたが天国で安らかに眠ってくれることだけを祈っています。

今回の事件で、世界中の多くの人々がまた〝ＩＳ〟の残忍さや卑劣さを思い知ることになりました。しかしその脅《おど》しに怯《おび》えたり、また逆に殺害した連中を敵視したりしても、そこからは何も生まれてきません。憎悪が憎悪を呼ぶだけで、それこそが〝ＩＳ〟が狙《ねら》っていることです。ぼくたちに憎悪や敵意を抱かせ、敵対心を増幅《ぞうふく》させることで、世界中にまた彼らに賛同するテロリスト分子《ぶんし》を作り出そうとしているのです。

もちろん〝ＩＳ〟がこれまでも、今も行なっていることは決して許されることではありません。彼らの行為はなにがなんでも非難され、その罪は償《つぐな》われなければなりません。と、同時に、これまであなたが伝えようとしてきたことや、あなたの変わらぬ尊《とうと》い意志をぼくたちは受け継いでいく必要があります。それは、今回の事件の残虐非道《ざんぎゃくひどう》さだけに目をやるのではなく、どうしてこのような行為が行なわれたのか、「イスラーム国」のような怪物がどうして生まれることになったのか、その根本にあるものを、ぼくたちはよく考える必要があるということです。

後藤さん、あなたが〝ＩＳ〟に向かう直前の最後のビデオ・メッセージの中で言っていたことは、「何が起こっても責任は私自身にあります。どうか日本の皆さん、シリアの人たちに何も責任を負わせないでください」ということでした。ぼくたちはあなたの死を、誰のせいにもしてはいけないと思います。たとえ「イスラーム国」の人間であっても、です。ぼくたちはあなたの死を、憎しみと悲しみだけで捉《とら》えてはいけないということだと思います。

あなたはクリスチャンでしたが、きっとあなたの行動には神の思《おぼ》し召《め》しが働いているのだと、いつも感じていました。あなたが本当に最後まで、命を賭けてまで伝えたかったのは、人間の愛だと思います。弱い人たちや、虐《しいた》げられている人たち、苦境《くきょう》に暮らす子供や女性たちへの共感《きょうかん》の哲学《てつがく》だと思います。

ですから、今こそあなたのために心から祈りを捧げたいと思います。世界中の人たちが憎しみ合うのではなく愛し合い、助け合い、そして平和で争いのないときが一日も早く訪れることを。

2015.2.1

この文章は英訳もされ、二五〇〇人がシェアをしてくれました。投稿とシェアを合わせると二万一〇〇〇人以上が「いいね！」を押してくれ、コメントはすべて合わせると一三〇〇以上になりました。最終的には三三万人以上のひとがこのページに目を通したことになります。これはまぎれもなく、世界中のどれだけ多くの人が後藤さんの死に心を痛めたかということを示していました。それはまた、後藤さんの死の衝撃の大きさと生の尊さを表す数字だと思います。

ところが、その後もヨーロッパでのテロは後を絶ちませんでした。二〇一五年十一月のフランス・パリの同時テロ、二〇一六年三月のベルギー・ブリュッセル連続爆破テロ、七月十四日のフランス革命記念日《かくめいきねんび》に南仏ニースで起きた無差別テロ。何十人もの罪のないひとびとが死亡し、何百人もの負傷者が出ました。

これから将来も世界各地でさらなるテロ事件の発生が予測され、ひとびとを脅かしています。二十世紀は「戦争の世紀」と呼ばれましたが、二十一世紀は「テロの世紀」と呼ばれるようになるかもしれません。このような世の中を、はたして後藤さんは雲の上からどんな気持ちでながめていることでしょう。

二〇一五年七月。フリージャーナリストの安田純平《やすだじゅんぺい》さんがシリアで行方不明になったという情報が流れました。安田さんがいたトルコ南部ハタイ県近辺はイスラーム武装組織のヌスラ戦線が支配する地域といわれていました。その後、安田さんはその事実通りヌスラ戦線に拘束されていることが判明《はんめい》しました。

十二月二十三日には「国境なき記者団」が、安田さんの拘束について、「家族や政府に身代金を要求している」とリークしました。そののち、新たな情報が提供されないまま膠着《こうちゃく》状態が続いていましたが、二〇一六年三月に最初のフェイスブックページのメッセージが、そして拘束から一年近く経った五月三十日に再び次のようなメッセージが投稿されました。

〈助けてください　これが最後のチャンスです〉

日本語で書かれたボードを持った安田さんの画像が掲載され、身代金一〇〇〇万ドルを要求されているとの報道がありました。

ヌスラ戦線というのは、もともとシリア内戦が始まった後の二〇一二年初めにシリアで結成された、過激派組織ISと同じルーツを持つアル・カーイダ系の武装勢力でした。このアル・カーイダ系組織「イラク・イスラーム国」がシリア内戦に介入するために、ヌスラ戦線を統合して「イラク・シリア・イスラーム国」（ISIS）を作ろうとします。しかし、ヌスラ戦線はそれに反対しました。そして、その後、ISISが自らをイスラーム国（IS）と宣言するに至っては、ヌスラ戦線はISとは決定的に敵対することになります。現在では、ヌスラ戦線はISと最も激しく対立するグループになっています。その後、彼らはアル・カーイダとも袂《たもと》を分《わ》かち、「シリア征服《せいふく》戦線」と改名しました。

「シリア征服戦線（旧名・ヌスラ戦線）」は、ジャーナリストを誘拐したり身代金を要求したりもしますが、これまでに人質を殺害したことはありません。二〇一六年五月には、十ヵ月間拘束されていたスペイン人記者三人が解放されています。この三人は拘束中の一時期、安田さんとも一緒にいました。

彼らはシリア北部のアレッポ近くで、前年の七月十二日を最後に連絡が途絶《とだ》えたとされていました。しかし水面下のスペインでは、政府が救命委員会を作って交渉にあたっていました。また、それには副《ふく》大統領直轄《ちょっかつ》の中央情報センター（CNI）が動いていました。スペイン政府はのちに、「人質解放交渉の段階でトルコとカタールに仲介役を依頼した」と言っています。スペイン政府が秘密裏に、実際に身代金を支払ったかどうかは判《わか》りません。しかし、「シリア征服戦線（旧ヌスラ戦線）」には人質解放交渉を専門に扱うチームがあり、この交渉チームと各国政府がそれぞれ仲介者を用意して協議《きょうぎ》をするのが一般的と言われています。交渉は「代理人」とだけで行なうのではなく、トルコやカタールというヌスラ戦線側に影響力を持つ国の協力なくしてはありえなかったのです。

前例をみると、これまでにフランス、ドイツ、スペイン、トルコなどが、身代金を政府が支払い、ISに拉致された自国民の解放を成功させていました。しかし日本政府は湯川さんと後藤さんの人質事件では、「一切交渉しない」という態度をとりました。日本の強硬姿勢《きょうこうしせい》は米国のそれにならうものとされています。米国が「テロリストとは決して交渉しない」という姿勢をとっていたとはいえ、このときのスペイン政府の積極的な対応と比べると、日本政府のそれはあまりにも消極的《しょうきょくてき》です。

二〇一五年五月に公表された、ISの後藤さん・湯川さん殺害事件に対する「検証委員会《けんしょういいんかい》の検証報告書《ほうこくしょ》」のなかで、「ISILから政府に対する直接の接触《せっしょく》や働きかけがなく、また、ISILはテロ集団であって実態が定かではないとの状況下、政府は、ISILと直接交渉を行わなかった」と、政府が積極的な対応をとらなかった理由を説明しています。

ところが、その「検証報告書」から一ヵ月後、米国のオバマ大統領は、米国人が誘拐され人質になるような事件についての、新たな政府対応策を発表しました。

そこには「人質の安全と、無事に帰還させることを、最優先《さいゆうせん》」するとあります。つまり、場合によっては米国政府も「テロリストと交渉」を行なうことを容認《ようにん》し、手助けするという、方針の大転換です。

オバマ大統領は記者発表でこう言いました。

「人質となった者たちの家族はすでに充分すぎるほどの苦痛を受けています。その上さらに、なぜ彼らが自らの政府に無視されたり、国家の犠牲になっていると、感じたりするようなことがあっていいのでしょうか」

日本政府が今後将来にわたり、対話と譲歩《じょうほ》によって、人質事件を解決する道を模索《もさく》する可能性はないのか？――その英断《えいだん》と対応を、私もふくめた日本人、それに多くのイスラームの人たちも、固唾《かたず》を飲《の》んで見守っています。


本書は、現代の青少年ら若い世代へ向けたものとなっています。特に、大学生よりももっと若年の中高校生を意識して書きました。これからの未来を担っていく若い人たちが、生きることのほんとうの意味を問い、人類の平和と発展のために何をしていくべきか、という命題《めいだい》に指針《ししん》を与え、かつ私たちジャーナリストはこれからどうしていかなければいけないのか、といったことを、後藤さんの人生を振り返り、考えることは、とても大切なことのように思います。

そのようなことから、後藤さんの死から二年が経とうとする今、もう一度、後藤健二さんの死を生としてとらえ、彼が何を伝えてきたのか、何を伝えたかったのかをテーマに、後藤さんの記憶や言葉をたよりに彼の人生を再構築《さいこうちく》してみました。道半《みちなか》ばにして逝《い》ってしまった友人への哀悼《あいとう》と鎮魂《ちんこん》をこめて、一字一句文章を綴《つづ》ったつもりです。本書が、後藤健二さんが人生をかけて取り組んできた仕事の跡《あと》をたどり、何を考え、悩み、志《こころざ》していたのかを可能な限り突き詰め、真実に迫れるようなものになったのならば、この上ない幸運です。

最後に、本書を執筆するにあたり、最初のきっかけとなる番組企画を提案してくださった東野真さん、それに実際に文章を書き始めてから私のキャッチボールに長期間付き合ってくれて、さまざまなフィードバックとアドバイスを惜《お》しまずにしてくださった門脇大さんに、心から感謝いたします。また、直接的、間接的にお話を伺《うかが》わせていただいたご遺族のみなさま、〝I AM KENJI〟を支持してくださった大勢のひとたち、後藤健二さんの仲間たち、そのすべての方々にも厚く御礼《おれい》を申し上げます。

そして、後藤さんの母校である法政大学の田中優子総長には、本書の帯に推薦の言葉を寄せていただきました。記して感謝いたします。また、このような難しい企画を二つ返事でお引き受けくださり、真摯《しんし》に校正《こうせい》に取り組んでくださった法政大学出版局編集部の郷間雅俊さんには、言葉にならないほどの格段のお礼を申し上げたいと思います。

二〇一六年十一月二十三日

栗本 一紀

後藤健二　年譜

＊本年譜には、プライバシーに関わることを除き、筆者の知りえた限りの履歴を記しました。

年	履歴など	おもな活動
一九六七年	・九月二十二日、仙台市に三人兄弟の末っ子として誕生	
一九六九年	・名古屋市に転居	
一九七二年	・東京世田谷区に転居（五才）	
一九八三年	・高校入学（法政大学第二高等学校）。アメフト部に所属 ・母親別居	
一九八六年	・法政大学社会学部に進学（アメリカ留学）	・イスラエルに渡航。現地大学生と交流
一九九一年	・法政大学卒業 ・日立物流に就職（三ヶ月ほどで辞職）	・卒業論文は「中東私論——湾岸戦争を通して」（石坂悦男ゼミ）
一九九二年	・スポーツジム（恵比寿シルバージム）の	

	インストラクターとして一時、働く	
一九九四年	・東放制作に就職	
一九九五年	・東放制作退職	
一九九六年	・インデペンデント・プレス設立	・ヨルダン：アンマン取材（豊田直巳氏と共に取材）
一九九七年	・洗礼を受ける（於日本基督教団田園調布教会）	・長澤仁司牧師から受洗 ・ルワンダ取材 ・アルバニア取材
一九九八年		・カンボジア取材 ・アルゼンチン取材 ・コソボ取材 ・中朝国境取材
一九九九年	・インデペンデント・プレス　定款変更（五つの人道分野に特化）	・二ヶ月間ニューヨークへ ・チェチェン取材
二〇〇〇年	・前妻と結婚 ・シエラレオネ内戦の少年兵を扱った番組でTV長編デビュー	・［NHK教育］ETV2000『シエラレオネ内戦〜断ち切られた家族〜』（制作出演） ・［NHK－BS］BS23ワールドニュース『エイズ・ザンビアからの報告』（制作・出演） ・［NHK教育］ETV2000『町をむしばむエイズ〜ザンビアからの最新報告〜』（制作・出演）

二〇〇一年	・元国連難民高等弁務官（ＵＮＨＣＲ）カブール事務所長の山本芳幸氏と知り合い、その後もパキスタン・アフガニスタンなどで親交を深める	・［ＮＨＫ－ＢＳ］ＢＳ23ワールドニュース『パレスチナ暫定自治区は今』（制作） ・［ＮＨＫ総合］ＮＨＫスペシャル『誕生の風景』（素材提供） ・［ＮＨＫ教育］ＥＴＶ２００１『麻薬、エイズ エストニアの誤算』（制作・出演） ・［ＮＨＫ－ＢＳ］ＢＳ23ワールドニュース『アフガン難民』（制作・出演） ・［ＮＨＫ教育］ＥＴＶ２００１『急増するエイズ孤児～タイ ７５、０００人の子どもたち～』（長井健司氏との共同制作） ・［ＮＨＫ－ＢＳ］ＢＳ23ワールドニュース『アフガニスタン難民が語る20年』（制作・出演） ・［ＮＨＫ教育］ＥＴＶ２００１『越冬 アフガニスタン難民～ＵＮＨＣＲ山本芳幸の現場～』（制作・出演）
二〇〇二年		・［ＮＨＫ－ＢＳ］ＢＳ23ワールドニュース『カブール中継レポート』（中継・素材提供） ・［ＮＨＫ－ＢＳ］ＢＳ23ワールドニュース『初めての学校（カブール中継）』（中継・素材提供） ・［ＮＨＫ総合］ニュース10『カンダハルの駐留米軍

（カブール中継）』（中継・素材提供）
・［NHK―BS］BS23ワールドニュース『カンダハル・駐留米軍』（制作・出演）
・［NHK総合］週刊こどもニュース 特番『アフガニスタン・初めての学校』（素材提供・出演）
・［NHK―BS］BS23ワールドニュース『査察協議の中、体制固めすすむイラク』（制作・出演）
・［NHK―BS］BS23ワールドニュース『見放されたイラクの子どもたち』（制作・出演）
・［NHK―BS］BS特集『世界データマップ』（素材提供）
・［NHK総合］週刊こどもニュース『アフガニスタンの子どもたちは今』（素材提供・出演）
・［NHK総合］クローズアップ現代『緊迫するイラク 市民たちは今』（制作）
・［NHK総合］週刊こどもニュース『特集 イラク』（素材提供）
・［NHK教育］ETV2002『国境を越えて生きる若いあなたへ ～緒方貞子からのメッセージ～』（制作協力）

二〇〇三年	・五月、戦争終結直後のバグダッドを撮影した「クローズアップ現代」の『終わらない戦争（仮題）』の放送が中止される ・イラク取材で通訳としてディーナを雇う ・イラクのティクリート近郊で、米軍襲撃現場に遭遇、兵士から銃口を向けられる ・十一月二十九日、イラクで日本人外交官二人の射殺事件がある ・『DVD＋BOOK ようこそボクらの学校へ』（NHK出版）刊行（初めての著作）	・［NHK－BS］BS23ワールドニュース『変わる人道援助の現場 ～国連緊急安全訓練～』（制作・出演） ・［NHK－BS］BS23ワールドニュース『日本人医師たちのイラク』（制作・出演） ・［NHK総合］クローズアップ現代『イラク北部でいま何が ～クルド人自治区・開戦からの一週間～』（制作） ・［NHK－BS］BSプライムタイム『大仏はなぜ破壊されたのか ～タリバン・変貌の内幕～』（素材提供） ・［NHK－BS］BS23ワールドニュース『リベリア内戦』（制作・出演） ・［NHK総合］NHKスペシャル『バーミアン　大仏はなぜ破壊されたのか』（素材提供） ・［NHK総合］クローズアップ現代『混迷イラク　復興の行方』（素材提供） ・［NHK総合］週刊こどもニュース『イラクの学校は今』（素材提供）
二〇〇四年	・十月二十七日、「イラクの聖戦アルカイダ」が、香田証生さんを人質にしたと犯行声明をインターネットで出す	・［NHK総合］NHKスペシャル『63億人の地図　第一集　寿命』（素材提供） ・［NHK総合］NHKスペシャル『奥克彦大使　イラ

年	事項	作品
	・十二月、東京外国語大学で講演 ・十二月、フランスに亡命したディーナに会いに、パリへ行く	クでの足跡』（素材提供） ・［NHK総合］週刊こどもニュース『特集　イラク』（素材提供） ・［NHK教育］ETV特集『イラク　占領下の人々』（制作・出演） ・［NHK－BS］BS23ドキュメンタリー『イラク占領下に生きる』（制作）
二〇〇五年	・『ダイヤモンドより平和がほしい――子ども兵士・ムリアの告白』（汐文社）出版 ・ハリケーン「カトリーナ」の被災地を取材するためアメリカ・ニューオルリンズに行く ・前妻と離婚 ・PTSD発症	・［NHK－BS］放送記念日特集『9・11テロ～イラク戦争　BSが伝えた人々の記録』（素材提供・制作協力） ・［NHK－BS］BSドキュメンタリー『アルモーメンホテルの子供たち～がんと闘うイラクの家族～』（素材提供・制作協力） ・［NHK総合］NHKスペシャル『アフリカ　ゼロ年ある子ども兵士の一生』（制作協力） ・［NHK教育］学校教育番組地球データマップ（3）『飢餓と飽食』（制作協力）
二〇〇六年	・『ダイヤモンドより平和がほしい』が第53回　産経児童出版文化賞でフジテレビ賞を受賞	・［NHK教育］学校教育番組地球データマップ（5）『平和への地図』（制作協力）

	・ユニセフのビデオ『この世界に生きる子どもたち』完成	・［NHK総合］週刊こどもニュース『ナットク定食　レバノンは今』（素材提供・制作協力）
二〇〇七年	・四月、東京FM「ENTERMAX」に出演 ・七月、東京FM「SKY」の『SKY Lounge』というコーナーに出演 ・八月、「SKY」の『ワンショットコラム』というコーナーに出演 ・九月、東京FM「SKY」の『スズキ・フューチャー・ナビ』に電話出演 ・九月二十七日、映像ジャーナリストの長井健司氏がミャンマーで銃撃され死亡 ・十月、東京FM「SKY」の『ワンダ・モーニング・コラム』に電話出演 ・『エイズの村に生まれて』（汐文社）出版 ・十二月、東京FM「SKY」で、アフガニスタンの子どもたちに色鉛筆やクレヨンを贈る「レインボープロジェクト」の企画を始める	・［NHK教育］教育番組『あしたをつかめ　平成若者仕事図鑑』（撮影・制作協力） ・［NHK総合］週刊こどもニュース『ナットク定食　アフガニスタンってどんな国?』（撮影・制作協力・出演）

二〇〇八年	・十二月、東京FM「SKY」内のインタビューコーナー『SKY Lounge』にゲストとして出演――レインボープロジェクトのこれから、ジャーナリズムについて、アフガニスタンのことなどを語る ・『ルワンダの祈り』（汐文社）出版	・［NHK‐BS］BSドキュメンタリーシリーズ・アフリカ2008『ルワンダ 女性たちの国づくり』（制作）――NHKエデュケーショナル 社長賞受賞 ・［NHK‐BS1］新BSディベート『アメリカ金融危機　世界経済はどうなるのか』 ・［NHK‐BS1］BS世界のドキュメンタリー「〝償いと赦し〟の家造り ～ルワンダ・大虐殺からの模索～」 ・［NHK総合］海外ネットワーク『ソマリアは今 ～現地からの最新リポート～』（制作協力・出演） ・［NHK総合］英語でしゃべらナイト『潜入！グローバル企業 ～ソニー会長ハワードストリンガー～』（素材提供）
二〇〇九年	・八月、ユニセフ主催の講演会（千葉市） ・『もしも学校に行けたら――アフガニスタンの少女・マリアムの物語』（汐文社）出版	・［NHK‐BS1］BSきょうの世界『特集　赤十字国際委員会　アフガニスタンでの活動の今』（素材提供） ・［NHK総合］週刊こどもニュース『ソマリアの海賊って？』（素材提供） ・［TBS］NEWS23でソマリアのルポ

		・［TBS］NEWS23でアフガニスタンとパキスタンのルポ ・［NHK WORLD］NEWSLINE『Voices World Watch Pakistan Domestic Refugee Strife』（素材提供・制作協力・出演） ・［NHK－BS2］BS特集『この空を見ていますか』（素材提供） ・［テレビ朝日］報道ステーション『潜入取材 ソマリア海賊村の真実 自衛隊が挑む〝敵〟の実像』 ・［NHK－BS1］きょうの世界『特集 ソマリア・海賊の村へ潜入取材』（制作協力・素材提供・出演）
二〇一〇年	・五月、ユニセフ主催の講演会（仙台市） ・高津央氏とのコラボ――アートエキシビション「eyes」展 ・十月、ユニセフ主催のシンポジウム「テロに晒される人道支援」に出演	・［NHK－BS1］こだわりライフ ヨーロッパ『孤児たちを家族のもとへ ～モルドバ キシニョフ～』（撮影・制作） ・［NHK－BS1］こだわりライフ ヨーロッパ『社会主義時代の壁を乗り越えて ～エストニア タリン～』（制作）
二〇一一年	・三月、東日本大震災発生 ・ユニセフ支援の記録のため東日本大震災の被災地へ	・［NHK－BS1］プロジェクトウィズダム『中東革命 ～チュニジア～』（撮影・製作） ・［NHK－BS1］ドキュメンタリーWAVE シリ

		ーズ・ソ連崩壊20年『光なき孤児～東欧の小国の悲劇』
二〇一二年	・シリア取材を開始（シリア在住のガイド、アラアッディーン・ザイム氏が後藤さんの取材に同行し始める） ・現在の妻と結婚	・〔NHK-BS1〕ワールドWAVEトゥナイト『混迷のシリア　市民が記録した弾圧の実態』 ・〔NHK-BS1〕ワールドWAVEトゥナイト『〝内戦突入〟シリアの市民たちは今』 ・〔テレ朝〕報道ステーション シリア内戦レポート ・〔テレ朝〕報道ステーション　激戦地アレッポから最前線レポート
二〇一三年	・アルジェリア人質殺害事件で日本人一〇名が死亡 ・ユニセフ講演会「シリアの今」（千葉市） ・二月、シリアで取材中のフランス人ジャーナリストが死亡 ・八月、シリアで化学兵器が使用される	・〔テレ東〕正月の報道特別番組『池上彰の二〇一三年を見に行く』 ・〔テレ東〕ガイアの夜明け『世界の子どもを救う！ニッポンの水技術』ソマリア編 ・〔テレ朝〕報道ステーション シリア内戦レポート ・〔NHK-BS1〕BS1スペシャル「それでも日本人ジャーナリストは戦場に立つ」（制作協力） ・〔テレ東〕『池上彰の緊急報道SP　中東緊迫！　アメリカは攻撃するのか？』

二〇一四年

・二月、馬場さくらさん主催の桜人企画が上演した音楽劇のトークライブに、ゲストとして出演
・ユニセフ主催シリア報告会「激戦地アレッポは今」
・四月、シリアで取材中に「自由シリア軍」に拘束されていた湯川遥菜氏と知り合う
・五月、『クリスチャントゥデイ』紙のインタビュー記事が掲載される
・六月、湯川氏を同行してイラク北部アルビルに渡航
・シリアで大統領選挙が行なわれ、バッシャール・アル＝アサド大統領が再任される
・「イラク・レバントのイスラム国」（ISIL）がバグダッド侵攻開始
・六月、「イスラム国」（IS）樹立宣言
・八月、湯川遥菜氏がISに拘束される
・湯川氏の両親や外務省邦人テロ対策室の担当者と面会し、その後、メディアの取材にも応じる
・[文化放送]『大竹まことのゴールデンラジオ』にゲスト出演
・トルコ経由でシリアに入国を試みる
・トルコとシリアの国境の町付近で取材した動画をツイッターに投稿
・十月六日、日本帰国
・シリアのIS行きを望んだ北大生が「私戦予備・陰謀」容疑をかけられた事件に関して、ジャーナリストの常岡浩介氏、警視庁公安部

・[テレ朝]報道ステーション　シリア内戦中継レポート
・[テレ朝]報道ステーション　シリア・アレッポ最前線レポート
・[テレ朝]報道ステーション　シリア最新レポート
・[NHK WORLD] “Exodus from Syria” シリア難民リポート

	より家宅捜索を受ける ・TBS「ひるおび！」に出演 ・十月二十二日、日本出国 ・十月二十四日、トルコ南部ガジアンテプのホテルに荷物を預け、キリスの国境検問所からシリア入国 ・『クリスチャントゥデイ』へ寄稿 ・「これからラッカに向かいます」というメッセージをビデオに残す ・十一月一日、家族から外務省に行方不明になったとの通報が入る ・在ヨルダン日本大使館に現地対策本部が設置される ・十二月二日、犯人グループから家族にメールが届く ・ヨルダン軍パイロットのモアズ・カサスベ中尉が「IS」への空爆に参加し、シリア北部ラッカ近郊に墜落、「イスラム国」に拘束される
二〇一五年	・一月三日、ISがモアズ・カサスベ中尉を殺害 ・一月二十日、身代金二億ドル（約二三六億円）要求の動画がインターネット上に公開される ・一月二十四日、湯川遥菜氏殺害の映像がインターネット上に公開される ・二月一日、後藤健二さんが殺害されたとみられる映像がインターネット上に公開される

［著者］

栗本一紀（くりもと・かずのり）

パリ在住の映像作家・ドキュメンタリー映画監督。1961年大阪生まれ。カナダのトロント，アメリカのニューヨークで映像制作を学び，スペイン Chestnut Corporation 代表，中国 BlueSky 広告有限公司副総経理，フランスの THE NET TV inc. 取締役などを歴任。また，80年代より南米のスラム街でユニセフ（国連児童基金）のドキュメンタリーなどを撮り始め，その後，映像ジャーナリストとして世界各地に赴く。2012年監督作品『禁じられた大地・フクシマ』は，ニューヨーク平和映画祭，リオ・デ・ジャネイロ世界映画祭など世界20都市以上で公式上映される。『気球に乗ったオーケストラ』（2011年）で，ハワイ・オーシャン・フィルム・フェスティバル最優秀アニメーション賞受賞。戦後70周年にあたる2015年には，広島と長崎の原爆をテーマに扱ったNHK長編ドキュメンタリー『キャノン・ハーシー“ヒロシマ”への旅（前・後編）』を制作。

ジャーナリスト 後藤健二
命のメッセージ

2016年12月25日　初版第1刷発行

著　者　栗本一紀
発行所　一般財団法人 法政大学出版局
〒102-0071　東京都千代田区富士見2-17-1
電話03（5214）5540　振替00160-6-95814
組版：HUP　印刷：三和印刷　製本：積信堂

ISBN978-4-588-67216-3